# GUY LAFLEUR

## L'HOMME QUI A SOULEVÉ NOS PASSIONS

Catalogage avant publication de Bibliothèque et Archives nationales
du Québec et Bibliothèque et Archives Canada

Tremblay, Yves, 1954 janvier 27-

    Lafleur : l'homme qui a soulevé nos passions

    ISBN 978-2-89225-829-5

    1. Lafleur, Guy, 1951- . 2. Joueurs de hockey - Québec (Province) - Biographies. I. Titre.

GV848.5.L34T73 2013          796.962092          C2013-942068-1

**Adresse municipale :**
Les éditions Un monde différent
3905, rue Isabelle, Brossard, bureau 101
(Québec) Canada J4Y 2R2
Tél. : 450 656-2660 ou 800 443-2582
Téléc. : 450 659-9328
Site Internet : www.umd.ca
Courriel : info@umd.ca

**Adresse postale :**
Les éditions Un monde différent
C.P. 51546
Greenfield Park (Québec)
J4V 3N8

Dépôts légaux : 4e trimestre 2013
Bibliothèque et Archives nationales du Québec
Bibliothèque et Archives Canada
Bibliothèque nationale de France

Conception graphique de la couverture, infographie et mise en pages :
OLIVIER LASSER

Photo de la couverture :
TZARA MAUD PHOTO

Photos intérieures
COLLECTION PERSONNELLE DE GUY LAFLEUR et YVES TREMBLAY

Typographie : Minion 12 sur 14

ISBN 978-2-89225-829-5

*Nous reconnaissons l'aide financière du gouvernement du Canada par l'entremise du Fonds du livre du Canada (FLC) pour nos activités d'édition.*

*Gouvernement du Québec – Programme de crédit d'impôt pour l'édition de livres – Gestion SODEC.*

*Gouvernement du Québec – Programme d'aide à l'édition de la SODEC.*

IMPRIMÉ AU CANADA

YVES
TREMBLAY

# GUY LAFLEUR

## L'HOMME QUI A SOULEVÉ NOS PASSIONS

PRÉFACE
DE GUY LAFLEUR

UN MONDE ⚇ DIFFÉRENT

# SOMMAIRE

# PRÉFACE DE GUY LAFLEUR

**Mes amis, que le temps passe vite...**

Je me souviens qu'en 1971, à mon arrivée à Montréal, j'ai eu la chance de demeurer chez Jean Béliveau. Jean m'avait dit : « Tu vas voir, Guy, une carrière ça passe vite. »

Mais dans ma tête, je me disais : *Je ne pense pas. Vingt ans... c'est long.* Il avait pourtant tellement raison, car tout a passé très vite.

Maintenant que tout est plus calme, je veux remercier mon capitaine d'alors ainsi que son épouse Élise pour tout. Jean m'a motivé énormément. Je l'ai rencontré la première fois à l'âge de 10 ans, au Tournoi international de hockey pee-wee de Québec. Puis, je me rappelle, lorsque je suis revenu à Thurso, avoir dit à mon père : « C'est comme ça que je veux être plus tard... » Il a été mon idole de jeunesse.

Je tiens aussi à remercier les coéquipiers avec lesquels j'ai eu la chance de jouer tout au long de ma carrière, des joueurs talentueux qui m'ont également beaucoup motivé. Vous savez, un joueur-vedette ne se bâtit pas tout seul. Il se forme avec l'aide de ses compagnons de jeu et le soutien des joueurs qui ont marqué la scène du hockey avant même notre époque, et qui ont été une source d'inspiration pour nous, les plus jeunes. Lorsque tu arrivais dans le vestiaire, même aux séances d'entraînement… si tu ne travaillais pas ou si ça n'allait pas… un gars comme Henri Richard, dont les yeux sortaient de la tête, te disait ce qu'il avait à dire. Et nous, les jeunes, on comprenait vite ce que ça voulait dire. Il y avait aussi des joueurs plus silencieux, qui démontraient leur leadership plutôt par leur façon de jouer.

Aux entraîneurs qui m'ont dirigé tout au long de ma carrière et qui m'ont vraiment aidé, tels que Maurice Fillion avec les Remparts… Claude Ruel, puis Scotty Bowman, celui-ci pendant neuf ans chez le Canadien… Finalement, le Tigre, Michel Bergeron, avec Phil Esposito qui ont cru en mon retour et m'ont donné la chance de revenir au jeu. Tous ces entraîneurs et tous les propriétaires d'équipe ont joué un rôle très, très important dans ma vie de hockeyeur. Ils m'ont poussé énormément à en donner davantage, à satisfaire le public. Ces gars-là étaient des bourreaux de travail. Merci encore !

Lorsqu'on jouait, on ne gagnait pas des millions de dollars comme les joueurs d'aujourd'hui, mais on avait tous ce sentiment de fierté d'appartenir aux Canadiens de Montréal… On avait énormément de passion.

........................................................

On avait tous ce sentiment de fierté
d'appartenir aux Canadiens de Montréal…
On avait énormément de passion.

........................................................

Aujourd'hui, le sport est devenu très commercialisé. Les équipes essaient de ramener une certaine fierté mais, malheureusement, ce n'est pas évident. Ce n'est vraiment pas facile non plus de faire comprendre cette tradition victorieuse aux plus jeunes: ce fameux flambeau que les joueurs du Canadien ont toujours trouvé important de lever très haut, et d'essayer de passer aux nouveaux joueurs qui arrivent.

S'il y a une philosophie à adopter que je peux suggérer aux jeunes, c'est la suivante: ils entreprennent leur carrière à un certain niveau, ils atteignent ensuite un niveau plus élevé, que j'appelle celui des millionnaires... **MAIS ILS NE DOIVENT JAMAIS OUBLIER D'OÙ ILS VIENNENT.** Et ça s'applique à tous les domaines de la vie.

Je donne aussi un coup de chapeau à tous les journalistes et les médias qui ont suivi ma carrière, y compris tous ceux qui ont fait partie de *La Soirée du hockey* pendant une cinquantaine d'années et qui ont rendu un tas de gens heureux aux quatre coins de l'Amérique. J'étais conscient du sérieux de votre travail et c'est pour cette raison que j'ai toujours voulu vous donner l'heure juste. Je vous remercie très sincèrement.

Par-dessus tout, un merci très spécial à Lise, mon épouse. Beau temps mauvais temps, elle a su me conseiller sur le chemin à prendre, même si ce n'était pas toujours facile... ainsi qu'à mes deux fils, Mark et Martin. Je ferais tout pour eux. Vous savez, la famille, c'est primordial. C'est une chose que j'ai apprise. Peut-être qu'on l'apprend en vieillissant... Je l'apprécie grandement aujourd'hui.

Je n'oublie pas non plus ma mère et mon père qui ont cru en moi et qui n'ont jamais cessé de m'encourager, sans toutefois m'obliger à jouer. Dans la vie comme dans le sport, c'est important d'être motivé et d'aimer ce que l'on fait. Jouer au hockey, ce n'est pas un travail, c'est un jeu. Il faut s'amuser. Oui, mes parents ont cru en moi et ils ont toujours été là pour moi. Ils ont passé des heures et des heures à voyager lorsque je jouais avec les Remparts de Québec. Tous les parents qui aiment leurs enfants font énormément de sacrifices pour eux, et il faut savoir les apprécier.

Merci aussi à mon fidèle ami Yves Tremblay avec qui j'ai traversé des moments de carrière inoubliables. Je crois qu'avec ce bouquin, il est vraiment parvenu à nous faire revivre… à vous, tout comme à moi… des faits vécus et des émotions encore palpables qui nous replongent dans le temps.

Enfin, comme je l'ai souvent dit, les partisans ont toujours joué un rôle de premier plan dans ma carrière. Il m'est arrivé parfois de dire que le public passait avant ma famille. Quand je le disais, c'était vrai dans un certain sens, car de prendre un verre avec quelqu'un qui nous appuyait, un vrai partisan, ça me faisait plaisir, parce que c'était tout aussi important pour lui.

Et aujourd'hui, en guise de témoignage de reconnaissance, ce livre représente pour moi une occasion en or de vous léguer, à vous tous qui m'avez appuyé inconditionnellement, tout au long de ma carrière, de ma vie, un souvenir ineffaçable.

Un gros merci du fond du cœur !

GUY LAFLEUR

# UN MOT DE L'AUTEUR

JE PROFITE DE CE LIVRE
POUR DIRE MERCI

**En premier lieu à mes parents,** maintenant là-haut, qui ont su me donner une éducation exceptionnelle qui m'a permis d'être ce que je suis aujourd'hui. Merci également à mon unique sœur Manon qui, depuis mon enfance, a toujours été derrière moi.

À Chantale, la femme de ma vie, dont le sixième sens, l'amour et le cœur en or orientent ma façon de penser et de voir les choses, et à nos enfants, LiLy-Ann et Alexandre, qui illuminent chaque jour de notre vie. Je vous adore.

À mon regretté grand ami et mentor, Eddy Marnay, qui, par sa sagesse hors du commun et sa sensibilité, a poli ma philosophie de vie et m'a tant éclairé.

À Claude Mouton, à Sam Pollock, partis eux aussi pour un monde meilleur, et à Jean Béliveau, qui m'ont enseigné la discipline nécessaire au monde professionnel.

À Guy Lapointe, pour son amitié et sa confiance, alors qu'il me donna la chance de démarrer ma toute première entreprise.

Enfin, merci à Lise et à Guy qui ont tellement cru en la vie qu'ils m'ont suivi jusqu'à New York.

Et un merci particulier à Guy, dont la passion, la détermination et l'amitié sincère ont influencé mon histoire, ma carrière. Merci à la Vie de l'avoir mis sur ma route.

À mon éditeur, Michel Ferron, qui a compris ma vision de cet ouvrage et a tout mis en œuvre pour la réaliser. À Lise Labbé, dont les connaissances linguistiques ont su peaufiner mes pensées et mes textes. À Monique Duchesneau et à Manon Martel pour leurs précieuses suggestions et leur grande sérénité en crise d'urgence.

À toutes mes relations dans les médias qui m'ont appuyé quand j'avais besoin d'eux.

Je veux aussi dire merci à mes autres amis qui ont joué un rôle positif et constructif à certains moments de ma vie, en m'aidant et en me conseillant. Ils se reconnaissent sûrement en lisant ces quelques lignes. Nos vrais amis ne sont pas nécessairement ceux qu'on voit tous les jours.

À vous tous, pour tout ce que vous avez fait pour moi… MERCI !

Je me considère aujourd'hui grandement privilégié et j'en remercie Dieu.

Enfin, j'espère sincèrement qu'à travers ce livre, les succès de la carrière de Guy Lafleur sauront inspirer, influencer et motiver tous ceux et celles qui ont toujours voulu aller au bout de leur rêve, quel que soit leur âge.

YVES TREMBLAY

# AVANT-MATCH

## MA PETITE HISTOIRE

**Je me souviendrai toujours** de ce soir d'automne 1972, alors que je rentrais à la maison vers 17 h 30, comme à tous les jours où je n'avais pas d'entraînement de football ou de handball au cégep. Nous demeurions dans un grand logement de six pièces, au deuxième étage, en plein Vieux-Rosemont… Vous savez, ces vieux duplex propres avec des boiseries au cachet splendide, agrémentés de vitraux anciens aux mille couleurs, décorant presque chaque porte, et un long passage menant à une vue arrière sur la ruelle, mais une vue à moitié cachée par des hangars alignés, servant de remises à toutes les familles.

Je me mis aussitôt à réviser mes notes de maths pour l'examen du lendemain. Notre stéréo, ce gros meuble très populaire à l'époque qui régnait dans presque tous les salons, et que ma sœur Manon allumait dès qu'elle arrivait d'enseigner, jouait *Frédéric* de Claude Léveillée, tandis que ma mère préparait le souper avec elle. Comme dans tout foyer, Jacqueline était notre noyau familial.

Notre mère, une femme généreuse, au cœur tendre, qui ne pensait qu'aux autres et ne vivait que pour le bonheur de sa famille. Je crois que c'est d'elle que j'ai hérité mon empathie pour les autres et ma sensibilité.

Puis mon père arriva de son travail. Né d'une famille de neuf enfants, il avait réussi à gravir l'un après l'autre les échelons de la compagnie Légaré, une possession britannique qui savait très bien retirer le maximum de ses employés. Grâce à son talent d'administrateur, la direction lui avait finalement confié la gérance d'un de leurs magasins de meubles, situé au coin des rues Masson et Saint-Michel, toujours dans Rosemont, à quelques rues de chez Ménick, le barbier des sportifs. Il leur a été fidèle pendant 42 ans, avec un salaire annuel qui a finalement atteint, un jour, le plafond des 20 000 $... Et il n'avait que le dimanche de congé !

Nous nous sommes aussitôt mis à table en nous racontant nos péripéties de la journée.

Soudainement, je dis à mon père : « Tu sais, pa... je suis malade des sports, j'adore le hockey, et j'ai eu une idée qui joindrait l'utile à l'agréable. Je me débrouille très bien en français, et j'aimerais être journaliste sportif pour couvrir le hockey. En même temps, ça m'aiderait beaucoup à payer mes cours à l'université qui commencent l'an prochain, et je pourrais me faire de bons contacts. On ne sait jamais où ça pourrait me mener. Je crois que je vais en parler à mon ami Mario Brisebois, l'ancien caddie de Jocelyne Bourassa, qui est au cégep avec nous, parce qu'il écrit déjà dans les pages sportives d'un journal. Il m'aidera peut-être à rencontrer quelqu'un du milieu ? »

Il me répondit : « Pourquoi pas ? C'est une bonne idée », sans rien ajouter. Puis, ma mère aborda tout simplement un autre sujet, et notre souper familial se poursuivit, cette fois-ci avec des chansons de Mireille Mathieu en musique de fond. Car il faut dire que la musique chez nous, c'était primordial. Tellement important que j'allais devenir plus tard producteur, comme vous le verrez plus loin. On écoutait autant Frank Sinatra, Perry Como, Elvis

Presley, Barbra Streisand que Ginette Reno, Charles Aznavour, Fernand Gignac ou Pierre Lalonde…

Mes parents croyaient beaucoup à l'éducation et à l'instruction. Ils nous laissaient libres, mais malgré leur peu de moyens financiers, ils auraient tout fait pour nous motiver et nous aider à poursuivre nos études. Ils nous avaient même inscrits à des collèges classiques où on étudiait cette langue morte qu'est le latin, afin d'élargir nos connaissances et nous donner de bonnes bases. À bien y penser, elle n'était pas si morte cette langue, car elle nous aidait à perfectionner notre français. Ils tenaient absolument à nous faire instruire le mieux possible afin que nous puissions « réussir notre vie ».

Et notre conversation de ce soir-là n'était pas tombée dans l'oreille d'un sourd.

Mon regretté père, celui qui m'ouvrit les portes du journalisme pendant mes études en appelant M. Pierre Péladeau, était heureux de venir me visiter au Forum sur la galerie de presse des médias, à mes débuts avec les Canadiens de Montréal. En 1979, j'ai voulu lui faire vivre un moment inoubliable en le faisant entrer dans le vestiaire pour rencontrer les joueurs, et aussi lui faire voir la coupe Stanley de près.

Quelques jours passèrent et la semaine suivante, mon père revint à la charge en me disant : « Yves, il faut que je te parle. J'ai appelé Pierre Péladeau, le propriétaire du *Journal de Montréal* et de tous les petits journaux hebdomadaires du Québec comme *Échos-Vedettes*. Je l'ai connu il y a plusieurs années alors qu'il lançait le *Journal de Rosemont*. Il venait me voir presque toutes les semaines pour me demander de l'encourager en faisant paraître des annonces dans son journal de quartier. Et la plupart du temps, j'achetais environ 100 $ d'annonces publicitaires pour les meubles Légaré.

« Je ne l'ai pas revu depuis des années, mais quand tu m'as dit que tu aimerais écrire, j'ai pensé l'appeler. Et même s'il est devenu quelqu'un d'important, et que j'ai pensé qu'il ne me reconnaîtrait peut-être pas, je lui ai laissé un message. À ma grande surprise, il m'a rappelé aussitôt. Malgré son succès, il a gardé la même simplicité que dans le temps. Je lui ai confié que mon fils aimerait commencer à faire du journalisme pour payer ses études, et il s'est tout de suite empressé de me dire :

"Écoute, Normand, je suis vraiment content de te reparler et ça me fait plaisir d'aider ton gars. Dis-lui d'appeler M^{me} Couture-Lévesque au *Nouveau Samedi* dès demain. C'est sur la rue Papineau. J'aurai déjà organisé la rencontre avec elle. Il n'aura qu'à se présenter et elle l'engagera… Si tu passes dans le coin, viens prendre un café avec moi quand tu veux !"» Et mon père de me lancer : «Alors, va la rencontrer, mon Yves.»

Je n'en revenais pas ! Mon propre père, directeur de magasins de meubles toute sa vie, avait aidé le grand, le très riche Pierre Péladeau et ce dernier, reconnaissant et n'ayant pas oublié un de ceux qui l'avaient soutenu à ses tout débuts alors qu'il en arrachait, était prêt à l'aider à son tour. Ce fut la première fois que je constatai personnellement deux règles qu'on apprend souvent dans les livres : **la reconnaissance est la première règle et «LES PLUS GRANDS SONT TOUJOURS LES PLUS SIMPLES», la seconde !**

À partir de mes 18 ans, ma vie n'allait plus jamais être la même… Ma vie allait dépasser les limites des rues Des Écores et Beaubien… Ma vie allait me prouver rapidement, plus rapidement que je ne l'aurais imaginé, que pendant notre très court séjour sur cette terre, en rêvant, en croyant et en fonçant, tout est possible… et que tout finit par se réaliser.

En rêvant, en croyant et en fonçant, tout est possible... tout finit par se réaliser.

Comme premier article au *Nouveau Samedi*, je devais interviewer le coloré Derek Sanderson, ancien joueur de centre des Bruins de Boston, reconnu pour l'excellence de son jeu en désavantage numérique, et pour son habileté à remporter ses mises au jeu. Et personne n'était capable de rejoindre Sanderson.

Quelle belle occasion de faire mes preuves dès mon premier article! Or, l'oncle d'un de mes amis, Gene Cloutier, un sportif, un joueur amateur et un inconditionnel du hockey, était alors copropriétaire avec Rodrigue Gilbert de la discothèque la plus «jet set» de Montréal, Le Harlow. Rod, un p'tit Québécois de Pointe-aux-Trembles, était alors la grande vedette des Rangers de New York, et grâce à lui, Gene s'était lié d'amitié avec les plus grands noms de la Ligue nationale de hockey et organisait tous les étés une ligue

Le regretté Gene Cloutier. Je ne sais plus combien de personnalités Gene m'a présentées à mes débuts comme journaliste sportif. Il voulait vraiment que je réussisse.

amicale, amenant ainsi un tas de professionnels au vieil aréna de La Prairie. Le match terminé, tous les gars allaient évidemment terminer la soirée au Harlow.

Quand Gene, toujours prêt à aider, a su que je commençais à écrire, il me dit: «Yves, c'est génial. Tu peux compter sur moi pour te faire rencontrer les plus grands joueurs.» Puis, évidemment, il m'introduit à Rod Gilbert.

Rod m'a «adopté» dès notre première rencontre. Il a toujours été d'une rare générosité. C'est le genre d'homme qui peut tout donner, et il est doté d'un caractère «positif» qui sort de l'ordinaire. Pour lui, l'argent, les honneurs, le bonheur, tout doit être partagé. C'est un vrai! D'ailleurs, il m'a toujours dit: «Yves, rappelle-toi que… *We're not here for a long time, but for a good time!*» Pendant l'été, il pouvait m'appeler à tout moment pour m'inviter à jouer au golf, même si je n'étais qu'un jeune étudiant sans le sou.

Un jour, il a même accepté de venir jouer un match de hockey avec nous, dans notre ligue de garage, juste pour s'amuser. Les gars étaient restés bouche bée, ils s'en souviennent sûrement encore. Même si nous étions longtemps sans nous voir, chaque fois qu'on se revoyait, c'était spécial. C'était comme si on venait de se retrouver la veille. Et il n'a jamais changé.

Évidemment, dans ces circonstances, le dossier Sanderson fut réglé rapidement.

Derek Sanderson me donna une entrevue dans la voiture, alors que nous étions en route pour l'enregistrement de l'émission *Appelez-moi Lise*, à Radio-Canada.

Un certain vendredi, après mes cours, Gene Cloutier m'appela pour me dire que les Rangers débarquaient en ville et qu'on allait tous les deux chercher Derek et Rod à l'aéroport de Dorval… Et je fis mon entrevue dans la voiture de Gene, en roulant vers Radio-Canada pour l'enregistrement de l'émission *Appelez-moi Lise*. Ce qui me valut, à ma grande surprise, la première page dans le journal le *Nouveau*

*Samedi.* Quel honneur pour moi qui faisais mes premiers pas dans le journalisme !

Après, ce fut au tour de Denis Potvin de passer sous ma plume. Denis faisait alors son entrée sur la scène de la Ligue nationale et venait d'être repêché par les Islanders de New York. Encore une fois, c'est Rod qui avait organisé notre rencontre à son Club de golf de la Vallée du Richelieu. Nous avions certaines choses en commun : nous avions alors le même âge, je faisais mes débuts dans le journalisme, et lui dans le hockey. Nous nous sommes vite compris. À ses débuts, on surnommait Denis « le futur Bobby Orr ». Il prouva par la suite qu'il faisait lui aussi partie des meilleurs.

Plus tard, sachant que j'aimais le golf, Gene me fit faire la connaissance du professionnel de golf Michel Boyer, l'un des plus longs frappeurs et le plus grand espoir canadien. Michel et moi sommes devenus instantanément les meilleurs amis du monde. Il me proposa d'être son caddie dans mes temps libres, ce qui me permit de le conseiller lors de sa victoire à l'Ontario Open de 1975 par une marque inégalée de −7, du jamais vu, alors qu'il n'avait que 19 ans, lequel tournoi George Knudson avait remporté quelques années auparavant.

Grâce à Michel, j'ai pu faire la connaissance de la majorité des meilleurs pros du Québec à l'époque : Phil Giroux, Daniel Talbot, Adrien Bigras, Jack Bissegger, Alain Gousse, Carlo Blanchard, Jean Morin et compagnie. Quelle opportunité incroyable pour moi d'apprendre, à bas prix, les rudiments de ce sport tellement technique auquel mon père m'avait initié à quelques reprises, chaque été !

Quelques mois plus tard, le directeur de l'hebdo québécois *Sports Illustrés* me convoqua pour m'engager dans son équipe de reporters. *Sports Illustrés* était une bonne école ; d'ailleurs, plusieurs bons journalistes sportifs d'aujourd'hui y ont fait leurs classes ou y rédigeaient des reportages. J'écrivais surtout sur le hockey, mais aussi sur le golf, la boxe, un peu de tout. Le journal se concentra ensuite sur le hockey et devint *Hockey Mag*, puis *Hockey Illustré*, mais toujours sous la même direction.

Puis, un beau jour, je dis à mon patron : « J'aimerais faire une entrevue de fond sur GUY LAFLEUR. »

Oui… GUY LAFLEUR !

J'avais donc demandé de le rencontrer au Forum, dans les estrades, après une séance d'entraînement. Après sa douche, il vint me rejoindre. Lorsqu'il s'approcha de moi, ce qui m'impressionna le plus chez lui fut son regard franc et son sourire « aux fossettes sympathiques », qui te font non seulement ressentir que tu es son ami et que tu peux lui faire confiance, mais qu'il te fait également confiance. Il est encore comme ça aujourd'hui… Quand tu lui parles, il te regarde dans les yeux, il est à ton écoute et rien d'autre ne peut détourner son attention.

Notre entretien ne dura qu'une heure, mais je me souviens fort bien que, sans trop savoir pourquoi, j'avais eu l'impression que je connaissais Guy depuis des années. Son intelligence et son humour m'avaient aussi frappé. Et ce fut une autre page à la une pour moi.

Parallèlement, il y avait surtout mes études que je voulais réussir à tout prix. Puis, au printemps 1973, je fus finalement accepté à l'École des hautes études commerciales (HEC), mais aussi à l'Université McGill. Conscient que je devais perfectionner mon anglais de Rosemont si je voulais faire mon chemin en affaires et franchir les frontières, je commençai à McGill l'automne suivant…

La même année, Claude Brière, le directeur des pages sportives du journal *Dimanche-Matin*, voulut m'aider et suggéra à Raymond Barrette, son éditeur, un type extraordinaire et un golfeur émérite, de m'engager et de me confier la couverture de la Ligue de hockey junior majeur du Québec (LHJMQ).

Claude venait de mon patelin. Il m'avait connu très jeune, du temps de notre secondaire au Collège des Eudistes. Il surveillait souvent nos études, et il participait à toutes les activités et à tous les sports du collège.

Je fus engagé. Chaque vendredi soir, j'allais voir les matchs du hockey junior, et chaque samedi matin, je m'assoyais devant ma machine à écrire, dans leurs petits bureaux de la rue Christophe-Colomb, et je téléphonais aux entraîneurs des équipes du temps, comme Michel Bergeron à Trois-Rivières, Rodrigue Lemoyne à Sorel ou Ghislain Delage à Sherbrooke, pour connaître leurs réactions sur la partie de la veille.

Quelle école pour moi! Avoir la chance d'écrire chaque samedi à côté de «grosses pointures» comme Claude Poirier, l'as des reporters, dont j'aimais la franchise et qui est devenu rapidement un bon ami, ou Gerry Trudel, qui avait une plume exceptionnelle, et qui fut si longtemps l'un des participants à *La Ligue du vieux poêle* à Radio-Canada, ou Claude Brière, qui devint par la suite le président de Molstar Communications, producteur de *La Soirée du hockey*.

Mon travail au *Dimanche-Matin* se poursuivit jusqu'en 1976, alors que j'obtins mon diplôme en finance et en marketing de McGill.

En janvier 1977, en prenant un verre avec Pierre Mouton, le fils de Claude Mouton qui était alors directeur des relations publiques du Canadien, il me dit tout bonnement que son père et Jean Béliveau avaient un poste à combler dans leur service des relations publiques, et qu'il pensait que j'étais fait pour ce travail, que ce serait un bon tremplin pour ma carrière.

Effectivement, Pierre avait eu une excellente idée. Quelques jours plus tard, j'appelle Claude qui m'organise une rencontre avec Jean Béliveau, alors vice-président aux affaires sociales du club.

La première chose que Jean me demanda fut: «Mais Yves, qu'est-ce que tu viens faire ici après toutes ces études universitaires et pour un salaire de seulement 11 000 $ par année?»

Ce qu'il voulait dire, et je le savais bien, c'est qu'avec ce diplôme, j'aurais pu me trouver un emploi dans une multinationale avec un salaire beaucoup plus élevé, comme l'avaient d'ailleurs fait mes amis.

Je lui répondis spontanément : « Je comprends, Jean, mais ailleurs je n'aurais pas la chance de fréquenter les Jean Béliveau, Sam Pollock, Edward et Peter Bronfman, Toe Blake, Scotty Bowman et les champions de la coupe Stanley tous les jours... et d'acquérir une expérience aussi enrichissante si rapidement. »

Il me dit : « Je t'engage. Mais réfléchis tout de même pendant le week-end, et rappelle-moi pour me dire si tu acceptes. »

Le soir même, en arrivant à la maison, toujours pendant le souper familial, heureux, mais pensif, je me suis empressé de raconter mon entrevue au Forum. Un peu comme Jean, mon père, éternel fan du Canadien et agréablement surpris, mais terre à terre, me dit : « C'est toute une opportunité, mais que fais-tu de tes études en administration ? Penses-y bien, c'est ta décision. »

Et moi, avec ma réponse toute préparée : « Je sais, mais tu imagines quelle école de la vie ce sera pour moi, et les contacts que je m'y ferai... »

En réalité, mon idée était déjà faite.

Le lundi, j'appelais Jean pour savoir quand je pouvais commencer.

Et la semaine suivante, au début de février 1977, Claude Mouton et Jean Béliveau commençaient mon « entraînement » comme relationniste pour le Canadien de Montréal, l'équipe championne de mon enfance avec laquelle j'avais grandi, celle que je regardais tous les samedis soir à la télé, en noir et blanc, avec mon père, comme le faisaient tous mes amis... Le Tricolore dont mes deux grands-pères écoutaient religieusement les matchs à la radio quand l'équipe jouait sur la route, et ses supervedettes que j'essayais d'imiter dans la ruelle avec mes copains. On ne vivait alors que pour jouer au hockey après l'école, et quand je brisais mon bâton, je me dépêchais de recoller la palette avec du *tape* noir, afin d'économiser 4 $ à mon père pour un nouveau bâton.

Je ne comprenais plus ce qui se passait. Depuis ma sortie de McGill, tout s'était enchaîné à un rythme inimaginable. J'avais maintenant un bureau, mon bureau... au deuxième étage du Forum de Montréal, juste à côté de celui de Camil DesRoches, du Prof Caron, de Toe Blake, de Scotty Bowman, de Claude « Piton » Ruel, de Jean, de Claude et de Sam Pollock.

Pour vous situer un peu dans l'organigramme de l'équipe des années 1970...

Depuis 1946, Camil DesRoches, un perfectionniste qui ne laissait rien passer, encore moins une faute linguistique, avait occupé presque tous les postes chez le Canadien : traducteur, publiciste, directeur des relations avec les médias, secrétaire de route, relationniste du Forum pour les événements spéciaux. Journaliste pour le *Petit Journal* au début de sa carrière, Camil était instruit et éduqué, il écrivait très bien, c'était une « encyclopédie vivante ». Il participait souvent à la *Ligue du vieux poêle* de *La Soirée du hockey*, une vieille version de l'émission *Antichambre* d'aujourd'hui à RDS, en compagnie de Jacques Beauchamp, Émile Genest, Charles Mayer et quelques autres invités à l'occasion.

Il a finalement travaillé pendant 55 ans pour l'équipe, et a été témoin de 20 coupes Stanley. Non seulement connaissait-il un tas de choses et plein de gens, mais il était également respecté de tous. Du même âge que mon père, mais sans enfant, il avait décidé de me faire profiter de son expérience et de ses connaissances. Je l'admirais beaucoup. Il n'avait pas de voiture, il n'avait jamais eu de permis de conduire et, chaque matin, je prenais plaisir à le cueillir chez lui, sur la rue Papineau, avec ma petite Toyota Corolla.

Sur notre chemin en direction du Forum, il me confiait ses précieux souvenirs et me racontait les dessous du hockey, comme il les avait vécus. Imaginez un peu ce que vous pouvez apprendre d'un homme comme lui! Pour moi, Camil fut à la fois un «coach» et une bible d'expériences inestimables.

En face de mon bureau, il y avait celui de Claude Ruel et de Ronald «le Prof» Caron, le directeur du service des dépisteurs et le bras droit de Sam Pollock, un ancien professeur de collège, un passionné de sports, qui avait troqué le monde de l'enseignement pour celui du hockey. Tout un personnage. La parole facile, coloré, il ne se gênait pas pour donner son opinion à qui voulait l'entendre. Doté d'une mémoire phénoménale, il pouvait nous relater des exploits sportifs, des dates ou des noms avec une précision incroyable. Et gare à celui qui l'obstinait. Il se souvenait même du style de chaque joueur qu'il avait vu jouer.

Adjacent à mon bureau se trouvait celui du sympathique Floyd Curry, ancien joueur des Glorieux, dans le style de Bob Gainey à l'époque. Il était maintenant secrétaire de route de l'équipe, un autre confident de Sam Pollock. Il s'occupait de faire toutes les réservations d'hôtels et d'avions pour les voyages de l'équipe. Nous sommes vite devenus amis. Floyd était un bon vivant qui riait constamment. Il m'a également beaucoup appris.

Il partageait son bureau avec Toe Blake, que tout le monde appelait encore «coach», et qui venait sporadiquement faire son petit tour pour parler de hockey avec tout le monde. Quelques heures après, il s'en allait travailler à sa taverne de la rue Sainte-Catherine. Quand il entrait dans nos bureaux, son charisme nous envoûtait.

Un peu plus loin à l'étage, les bureaux de Claude Mouton, Jean Béliveau et Sam Pollock. Ces trois-là m'ont vraiment montré à travailler et à mettre en pratique tous les jours, consciemment ou non, ce que j'avais appris à l'école, et encore plus.

Du lundi au lundi suivant, supervisé par Claude et Jean, je préparais les communiqués de presse pour les matchs, je répondais aux demandes des gens des médias, j'enregistrais les statistiques dans les livres officiels, je dirigeais la galerie ainsi que la salle de presse pendant les parties, tandis que Claude travaillait comme annonceur maison au niveau de la glace. Je satisfaisais aussi aux demandes des joueurs relativement aux photos à dédicacer pour les fans.

Je répondais au courrier des amateurs, je devais aller aux conférences de presse, aux soupers-bénéfice ou aux cocktails auxquels nous étions conviés, je rédigeais les textes de la brochure annuelle d'environ 130 pages, je préparais les conférences de presse du club avec Claude, nous organisions avec Frank Léveillé, de Molson, la tournée estivale de balle molle avec les joueurs… Ce que j'aimais c'est qu'il n'y avait aucune routine. C'était fascinant.

Claude m'avait aussi demandé si, dans mes temps libres, je voulais organiser les combats de boxe du Forum avec lui. J'acceptai sans hésiter. D'ailleurs, Claude était le genre d'homme à qui on ne pouvait jamais dire non, parce que lui-même était toujours prêt à te rendre service. Comme on dit souvent, il n'avait pas eu la vie facile, ce qui lui faisait comprendre bien des choses. Plus on apprenait à le connaître, plus on l'aimait. Par exemple, quand Guy Lafleur arriva avec le Canadien, Claude devint immédiatement son ami, et presque son deuxième père, son confident.

Pendant les séries éliminatoires, à mon grand plaisir, j'allais sur la route avec l'équipe et l'organisation. Après chaque match, j'étais responsable d'une «suite spéciale» avec sandwiches et bar ouvert, où se réunissaient les journalistes qui suivaient le club, l'équipe de *La Soirée du hockey*, et les dirigeants du Canadien.

Et là, entre les René Lecavalier, Richard Garneau, Gilles Tremblay, Lionel Duval, Réjean Tremblay, Bernard Brisset, Yvon Pedneault, Bertrand Raymond, Red Fisher, Toe Blake, Bernard Geoffrion, Floyd, Camil, le Prof, Claude, Jean, Sam et compagnie, c'était la foire aux anecdotes et aux blagues, en passant par l'époque où les joueurs prenaient le train jusqu'à nos jours. Un peu plus tard en soirée, souvent Floyd, Toe, le D$^r$ Kinnear et quelques autres s'attablaient pour jouer aux cartes. Je n'oublierai jamais ces moments uniques et sympathiques que je vivais chaque année lors des séries de fins de saison!

Oui, j'y mettais beaucoup d'heures, mais pour moi ce n'était pas du travail, parce que j'aimais ce que je faisais. Par ailleurs, avec Claude et Jean, tous les deux passionnés, disciplinés et exigeants, je n'arrêtais pas d'absorber leur expérience et de rencontrer une foule de gens intéressants. J'aimais le public.

Par exemple, je me souviens qu'un mardi midi, je dis à Claude Mouton: «Claude, venez-vous avec moi? Le photographe Michel Ponomareff vient de nous inviter à aller rencontrer Paul Newman sur le site d'un film qu'il tourne dans les anciens pavillons thématiques de l'Expo 67.» Trente minutes plus tard, nous étions dans la roulotte de l'acteur sur le plateau de tournage. Il répétait ses textes. Nous avons jasé avec lui quelques minutes, c'était un véritable passionné de hockey. Il avait d'ailleurs tenu le premier rôle dans le film *Lancer frappé* (*Slap Shot*) l'année précédente.

Au moment de sortir de sa roulotte, il était tellement humble et sympathique que j'ai soudainement eu l'idée de l'inviter au match du samedi suivant. Je n'ai jamais cru qu'il viendrait. Mais le samedi, vers 16 heures, mon téléphone sonne: «Bonjour. Yves, c'est Paul à l'appareil. Est-ce que ton invitation tient toujours? Je fais présentement du ski dans les Laurentides, mais je pourrais être là vers 19 h 30… Par contre, j'aimerais bien une petite caisse de bière et être à l'écart des médias, si ce n'est pas un problème pour toi. Je serai avec mes relationnistes, nous serons quatre. À plus tard!»

Inutile de vous dire qu'en l'espace d'une heure, j'avais tout organisé. Il arriva à l'heure prévue par la porte des journalistes, escorté de ses relationnistes et de gardes de sécurité. Il se dirigea directement sur la galerie de la télévision, dans une loge que je lui avais réservée aux côtés de René Lecavalier, Richard Garneau, Dick Irvin et Danny Gallivan. Après deux périodes, il me fit demander pour me saluer et me remercier. Il devait quitter, car il se levait vers 5 heures le lendemain matin pour terminer son tournage.

Paul Newman fut certainement l'une des personnalités les plus simples que j'ai eu la chance de rencontrer au cours de mes années chez le Canadien de Montréal.

Un autre midi, Claude me dit: «Yves, viens avec moi. On s'en va à un dîner de boxe à l'Université McGill.» Une heure plus tard, nous étions présentés à Mohamed Ali, probablement le plus grand boxeur de tous les temps. J'avais du mal à le croire.

Ces belles rencontres faisaient aussi partie de mon travail. J'avais des amis et des relations un peu partout dans les différentes villes du circuit Ziegler. J'aimais vraiment mon travail.

Une des premières grandes leçons que j'appris, l'une des plus importantes de la vie, vint de Jean Béliveau. À mon arrivée, il m'avait donné un conseil: «Yves, s'il y a une chose que tu dois te souvenir, c'est celle-ci… Fais-toi un devoir de toujours rappeler chacune des personnes qui t'ont laissé un message, même si tu en as reçu 30 la même journée. Que tu connaisses ou non les gens qui t'ont appelé, rappelle-les tous. Dis-toi que si quelqu'un a pris le temps de te téléphoner, c'est qu'il mérite qu'on le rappelle. C'est tout simplement une question de respect.»

Depuis, je peux vous dire que, de mémoire, je n'ai jamais omis de rappeler quelqu'un.

Les fins de semaine, lorsqu'il y avait des matchs, je n'arrivais à mon bureau que vers 15 heures, ayant préparé mes dossiers le vendredi. Souvent, vers 16 heures, Jean arrivait à son tour et venait s'asseoir à mon bureau pour jaser. J'avais peine à réaliser que le grand Jean Béliveau puisse s'intéresser à moi, son employé, juste comme ça. Ça m'impressionnait beaucoup. Il était d'une gentillesse comme on en voit rarement et il était comme ça avec tout le monde, placiers, secrétaires, gardes de sécurité, restaurateurs, tout le monde.

Je me rappelle qu'un certain soir de semaine, vers les 17 heures, il entra dans mon bureau et me demanda : « Yves, as-tu tes patins ? Je vais m'entraîner en bas. » Heureusement, mes patins étaient dans ma voiture. Et quelques minutes plus tard, je faisais des passes à l'un des plus grands joueurs que la LNH a connus… et sur la patinoire du Forum en plus. Je me pinçais en me demandant si je rêvais !

Évidemment, à 22 ans, j'étais le plus jeune de ce « deuxième étage », là où se prenaient toutes les décisions de l'une des plus grandes organisations sportives au monde. Mais j'avais l'impression que tout le monde, à sa façon, voulait m'aider à grandir et à devenir quelqu'un.

> Il ne faut jamais changer
> une combinaison gagnante.

Même Sam Pollock, qui avait d'autres chats à fouetter, prenait le temps de me conseiller à sa manière lorsqu'il en avait l'occasion. Un jour, il m'avait dit : « Yves, rappelle-toi qu'il ne faut jamais changer une combinaison gagnante. » Venant d'un génie comme lui qui avait justement su comment construire une équipe gagnante que tout le monde enviait, je venais d'apprendre une autre leçon qu'on ne peut trouver dans les livres d'école. Je m'en suis toujours souvenu.

Je ne parlais pas très souvent avec Sam Pollock (au centre), mais quand il me parlait, je savais écouter, sachant très bien que ses conseils me profiteraient un jour. On voit aussi Claude Mouton (à droite).

Il me faisait confiance. Il avait même décidé de m'envoyer passer une semaine à Halifax avec les Voyageurs, afin de faire la mise en marché des articles-souvenirs du Canadien sur la route.

Je me rappelle aussi qu'en 1978, cette petite voix en moi, celle qui me disait sans cesse qu'un jour je serais dans les affaires, me donna l'idée de démarrer une entreprise de chandails avec des caricatures de joueurs du Canadien. À l'époque, il n'y avait pas de boutiques-souvenirs comme aujourd'hui, et j'en avais eu l'idée en voyageant avec l'équipe. En apprenant la nouvelle, Sam me dit : « Yves, comment se fait-il que nous n'ayons jamais pensé à ça ? Ça ne me dérange vraiment pas, à la condition que tu continues à bien faire ton travail avec nous. Bonne chance ! »

Je pense que Sam Pollock avait compris que je ne gagnais pas un gros salaire pour les heures que je faisais, et que si j'avais la chance d'en faire plus, pourquoi pas, pourvu que je ne néglige pas mon travail. Claude, de son côté, avait également ouvert un commerce dans Rosemont avec ses deux fils, Claude Mouton Sport.

Guy Lapointe, qui était devenu un de mes meilleurs amis, trouva l'idée tellement bonne qu'il décida de s'associer à moi, et même de m'endosser à la banque, étant donné mon maigre salaire. Guy était un gars humain et honnête, un légendaire blagueur qui avait le cœur sur la main, ne prenant jamais la vie trop au sérieux. Puis l'entreprise démarra, mais ne dura que deux ans, le temps des saisons victorieuses.

En 1977, Guy Lapointe et moi, lors de l'ouverture de notre entreprise de chandails à l'effigie des joueurs des Canadiens.

J'offris des redevances sur les ventes aux joueurs, mais ils ont tous refusé en disant quelque chose du genre: «Yves, si tu fais quelques sous avec ça, tant mieux pour toi!»

Ces joueurs-là étaient dans une classe à part. Même s'ils n'étaient pas millionnaires comme les joueurs d'aujourd'hui, ils étaient généreux. Je les fréquentais tous les jours et j'avais appris rapidement à les connaître, à les considérer.

Malgré le fait que Guy Lapointe fut l'un des plus grands joueurs de défense de la Ligue nationale, il demeura un homme humble et vrai. Mais il était aussi un joueur de tours inné, un pince-sans-rire incroyable. Il était probablement le meilleur pour détendre l'atmosphère au sein de l'équipe. En 1979, lors du camp d'entraînement, alors qu'il jouait contre Lafleur dans un match inter-équipe, il avait « entarté » son ami Flower avec un gâteau pour souligner son anniversaire, et aussi pour le ralentir un peu. À la suite de ses blagues, Pointu jouait toujours au gars repentant... Il riait beaucoup moins quand Lafleur a répliqué à sa manière en prenant le contrôle de la partie pour finalement faire gagner son équipe !

Pour eux, la vie, ce n'était pas seulement une question d'argent. Par-dessus tout, ils étaient tous passionnés et, eux aussi, ils s'amusaient à faire ce qu'ils faisaient. C'est probablement l'une des bonnes raisons pour lesquelles ils réussissaient à gagner, en équipe, des coupes Stanley.

Je trouvais que j'avais une chance inouïe de travailler au sein d'une telle organisation et précisément dans ces années-là, alors que cette équipe qui gagnait sans cesse était composée des meilleurs au monde, certainement l'une des plus grandes équipes de l'histoire des Canadiens de Montréal. Ils étaient demandés partout et, partout, ils étaient accueillis en champions.

Je remerciais Dieu tous les jours d'avoir planifié ce *timing*, comme une synchronie dans ma vie.

Au cours de ces trois années, j'étais souvent avec Guy Lafleur et Guy Lapointe.

Le matin, je descendais au niveau de la glace pour assister à la séance d'entraînement quotidienne et pour rencontrer les journalistes. Une fois la pratique terminée, je faisais un saut dans le vestiaire des joueurs pour prendre de leurs nouvelles, ou savoir s'ils avaient besoin de quelque chose. Et chaque fois, Lafleur et Lapointe, s'intéressaient à moi et à ce que je faisais.

Flower était alors la supervedette de l'heure, et Pointu, avec Larry Robinson et Serge Savard, faisait partie du «Big Three», le trio défensif le plus puissant de toute la Ligue nationale. Et malgré leur statut, j'étais émerveillé par leur simplicité et leur sensibilité. Souvent, quand il n'y avait pas de partie, nous allions souper ensemble. Et là, à travers nos conversations de hockey et d'affaires, on en riait un coup.

Dans l'avion, lorsque je voyageais avec l'équipe, Lafleur, après avoir fait amicalement le service de bar pour les gars, comme il le faisait à l'occasion, venait souvent s'asseoir avec moi et nous bavardions d'un peu de tout en prenant une bière.

Les jours de match, il arrivait toujours le premier dans le vestiaire, autour de 15 heures. Il appréciait ce genre de quiétude et de solitude. Je descendais le voir, nous discutions, ou nous prenions quelques minutes pour jouer au *backgammon*. Ça lui permettait de relaxer à sa façon et de se concentrer.

Une certaine complicité, ou une confiance semblait s'être installée entre lui et moi. Ces choses-là, ça se ressent.

Trois saisons s'écoulèrent ainsi, et j'avais eu la chance de vivre trois coupes Stanley d'affilée. C'était magique!

Puis Sam Pollock quitta le Canadien, remplacé par Irving Grundman. Et un tas de revirements s'enchaînèrent, que je vous raconterai en détail plus tard. Je dirais même que ce fut le début de la fin non seulement pour moi, mais surtout pour la «dynastie» des Canadiens.

La première saison de Grundman passa par toutes sortes de problèmes administratifs. Il était l'opposé de Pollock.

Je me souviens de lui avoir proposé un jour de changer la musique d'ambiance du Forum, le son de l'orgue étant devenu quelque peu désuet à cette époque. Il me répondit qu'il ne trouvait pas que c'était une bonne idée. Entre-temps, il engagea son fils, Howard, en février, sans que personne ne comprenne vraiment sa fonction ou son titre. Un salaire de plus qui grugeait le budget, sans raison.

Et la même année, en juillet 1979, un peu après les festivités de la coupe Stanley, j'étais dans mon bureau à terminer le programme 1979-1980 de l'équipe quand Claude Mouton m'appela dans son bureau. Sur le coup, j'ai senti qu'il n'avait pas sa bonne humeur habituelle. Les yeux baissés, comme s'il ne pouvait rien y changer, il me dit: «Assieds-toi, Yves. Irving vient de m'appeler de sa maison dans les Laurentides pour me dire qu'il te congédiait. Il veut couper les budgets. Tu termines avec nous vendredi... Je ne sais pas quoi te dire.»

Je suis resté là, figé. Je pense que j'ai cessé de respirer pendant quelques secondes.

J'ai dit à Claude : « Claude, ça ne me sert à rien de rester jusqu'à vendredi. Le cœur n'y est plus. Je n'ai plus le goût d'investir plus de temps dans ce travail. Je reviendrai chercher mes effets personnels samedi matin quand il n'y aura plus personne. » Peiné, il me souhaita bonne chance.

Surpris, je ne comprenais pas. Tout allait bien. Je faisais des heures à n'en plus finir. Et en deux minutes, sans explications, Grundman me mettait cavalièrement à la porte, comme un numéro, sans même me donner deux semaines d'avis en salaire. De plus, il s'était « caché » dans le Nord.

Je suis aussitôt allé voir Jean dans son bureau. Il n'était même pas au courant. Il saisit aussitôt son téléphone pour l'appeler, et lui demander qu'il me donne au moins deux semaines de salaire pour mon départ, ce qu'il fut obligé de me verser.

Le samedi matin, je suis allé chercher mes choses. Et honnêtement, en sortant du Forum pour une dernière fois au coin de l'avenue Atwater et du boulevard de Maisonneuve, seul, je regardai le Forum avec les larmes aux yeux, des souvenirs pleins la tête, en me demandant : *Qu'est-ce que je fais maintenant ?*

À 25 ans, ma carrière chez le Canadien venait subitement de prendre fin sous prétexte de compressions budgétaires, mais en vérité c'était pour faire une place à son fils Howard, qui, pendant les trois derniers mois, s'était infiltré dans notre quotidien pour apprendre. Après mon départ, gratuitement, il avait de plus fait inscrire le nom de ce dernier comme éditeur de la brochure que j'avais moi-même rédigée, à la place du mien !

Je sus aussi plus tard que Grundman n'aimait pas que je me sois lié d'amitié avec les deux Guy et certains joueurs au fil des ans.

Curieusement, par la suite, il avait aussi remplacé l'orgue par de la musique disco contemporaine, l'une de mes idées.

Les Canadiens de Montréal, les héros de mon enfance, ceux en qui je croyais, m'avaient profondément déçu. C'était injuste et malhonnête. Et j'ai toujours détesté les injustices.

Avec Pollock, étaient ainsi disparues les relations « humaines », voire familiales, des Canadiens de Montréal. Grundman, c'était Grundman.

Personnellement, je dois avouer que les quelques mois suivants ont été difficiles, mais cela n'a jamais été mon genre de me plaindre.

Je travaillais à notre entreprise de chandails. Chaque jour, vers la fin de l'après-midi, Pointu venait s'informer de ce qui se passait et on travaillait ensemble sur des idées de mise en marché.

Pour moi qui avais passé les trois dernières années entouré d'un tas de gens tous les jours, travailler seul était une réadaptation. Je devais réorienter ma motivation et ma carrière. À vrai dire, j'avais touché à tellement de choses que je me cherchais.

Un jeudi soir, Lafleur et Lapointe m'invitèrent à souper au Thursday's, un pub de la rue Crescent à Montréal où les joueurs allaient souvent. Tout à coup, Ronald Corey, alors président de la brasserie O'Keefe, arriva. En nous voyant, il vint parler avec nous. Et Guy Lafleur lui annonce mon congédiement du Canadien et lui dit : « Ronald, comme président, t'as sûrement un poste à offrir à notre ami Yves. » Ronald me regarda et dit : « Pas de problème… Mon Yves, à compter de maintenant, tu es représentant pour la Carlsberg. Tu m'appelles lundi et j'arrange tout ça. »

Le lundi suivant, enthousiaste de ce nouveau départ, je l'appelle sans perdre de temps. À ma grande surprise, il me dit : « Tu sais, Yves, après avoir vérifié, je n'ai rien pour toi en ce moment. »

Autre déception. Mais ça fait partie de la vie.

Puis les années passèrent. Et ce n'est que plus tard que j'ai compris la philosophie de Napoleon Hill selon laquelle chaque défaite est déguisée en son équivalent en succès. D'autres belles

occasions se sont ensuite présentées et ont fait de moi un entre-
preneur, un homme d'affaires, ce que je ne serais sans doute jamais
devenu si Grundman ne m'avait pas mis à la porte.

Chaque défaite est déguisée
en son équivalent en succès.

Avec le soutien et les judicieux conseils d'un de mes bons
amis, Raynald Brière, une sommité dans le monde de la radio et
de la télé, j'ai pu lancer ma compagnie de production de CD et
DVD. J'ai alors travaillé avec Mireille Mathieu, Sonia Benezra, une
fille exceptionnellement « vraie », Lara Fabian, Pierre Lalonde et
plusieurs autres… J'ai collaboré aussi très souvent avec mon vieil
ami, le regretté Eddy Marnay, qui a écrit quelque 4 000 chansons
pour les plus grands noms de la chanson française.

À l'époque de ma maison de production, grâce à mon ami Eddy Marnay
et à une compilation des plus grands succès de la chanteuse, j'ai pu ramener
Mireille Mathieu (au centre) au Québec après 16 ans d'absence. Chantale Roy,
mon épouse, a alors pris en charge la tournée promotionnelle de Mireille
pour tout le Québec.

Mon amie Sonia Benezra avait eu la merveilleuse idée de réunir deux vieux amis, Mireille Mathieu et Guy, dans le cadre de sa populaire émission télévisée qui attirait quotidiennement quelque 500 000 téléspectateurs.

J'ai toujours dit qu'Eddy Marnay était un peu mon père spirituel. Dès le début de notre amitié, il fut toujours là pour moi, et réciproquement. Il m'apprit beaucoup.

J'appelais Eddy mon « vieux sage ». Il m'a appris énormément, autant professionnellement qu'humainement parlant. Toujours calme et serein, très intelligent et psychologue, d'une rare sensibilité, il avait une philosophie de la vie bien à lui. Il percevait chaque situation, chaque événement, chaque individu, d'une manière bien différente des autres, sans juger.

Et au fil des années, Guy Lafleur et moi sommes restés des amis. On se voyait ou on se parlait régulièrement.

Puis, comme je vous l'expliquerai dans un autre chapitre, un beau jour, il fut remercié à son tour par les Canadiens. Car ne vous méprenez pas, un athlète est un employé, un numéro, comme tout le monde… Quand les membres de la direction ne le trouvent plus assez performant pour qu'il comble leur soif de succès et de gloire, ils s'en débarrassent carrément, et sans pitié. C'est ce qui lui est arrivé, à seulement 33 ans. Sa vie venait d'être bouleversée, lui qui brûlait encore de passion pour son sport.

À la suite de ses déboires avec la Sainte-Flanelle, comme vous le verrez plus loin, on a ensuite réalisé plusieurs projets ensemble. Et je dirigeais toujours ma propre entreprise de marketing.

Puis en 1988, coup de théâtre…

Comprenant ce qui se passait dans son for intérieur, je réussis à raviver la flamme en lui et à le décider à faire un retour au jeu avec les Rangers de New York, après presque quatre ans de retraite.

Il réussit, et ce fut l'euphorie partout où il passait. Comme il le déclara souvent, Guy revivait enfin.

Entre deux matchs des Rangers et plusieurs déplacements dans le Big Apple, je lançai avec l'un de mes meilleurs amis, Pat Brisson, qui n'était pas encore le super agent d'athlètes qu'il est aujourd'hui, la ligne de vêtements d'entraînement Flower Power.

En 1989, Pat m'appelle ensuite pour qu'on produise ensemble la vidéo *Mario Le Magnifique*, traitant des succès de la carrière de Mario Lemieux. Une autre expérience des plus enrichissantes que

Pat Brisson et moi, nous nous sommes rencontrés en 1988 pour la première fois, et dès les premiers instants, la chimie s'est installée. Il a toujours eu de bonnes idées et un bon jugement.

Grâce à Pat, j'ai pu travailler avec Mario Lemieux à la production de *Mario Le Magnifique*. Quel gars calme et serein !

j'ai eu la chance de vivre avec Pat et Mario, deux autres grands bonshommes que les revers ne peuvent arrêter.

Après un an à New York, Guy décide de quitter les Rangers pour jouer avec les Nordiques pendant deux ans.

Heureux cette fois-ci, il accroche sagement ses patins le 31 mars 1991.

Quelques années plus tard, il s'est lancé dans la restauration avec sa famille. Et pour ma part, la vie m'ayant fait comprendre que ma réelle mission était d'aider les gens à améliorer leur santé, j'ai mis sur pied une entreprise de suppléments naturels liquides de haute qualité, que j'ai maintenant fortement l'intention de promouvoir sur le plan international (www.melialife.com).

Voilà, en résumé, ma petite histoire.

Je devais d'abord vous ramener un peu dans le temps afin que vous compreniez mieux ce qui m'a permis d'écrire l'ouvrage que je vous présente aujourd'hui.

Oui, je suis d'accord avec vous, des livres sur Guy Lafleur, il y en a eus.

Le but de cet ouvrage est totalement différent. Pourquoi et comment ?

Parce qu'à la suite de toutes mes études, de toutes mes expériences de travail, de toutes mes lectures sur le sujet et de tous les gens que j'ai rencontrés au cours des 40 dernières années, j'ai pu constater que la carrière de Guy Lafleur, c'est plus que la carrière d'un célèbre athlète, c'est « le » modèle le plus réaliste et le plus fidèle de tous les principes du succès.

Guy Lafleur, l'homme, est une application concrète des principes théoriques, et de tout ce qu'on peut apprendre dans les bouquins de développement personnel des plus grands auteurs d'épanouissement personnel comme Dale Carnegie, Anthony Robbins, Napoleon Hill,

Joseph Murphy, W. Clement Stone, Norman Vincent Peale, Jack Canfield, le Dr Wayne Dyer et plusieurs autres.

Et je suis certain que Guy lui-même ne l'a jamais su. C'était sa nature d'être comme il était, et d'agir comme il agissait.

Quand je lui ai parlé de mon essai, et de mon idée d'en faire profiter autant les jeunes qui ont entendu parler de ses exploits, mais qui l'ont moins connu, que les gens de notre âge, il l'a lu, et il m'a rappelé pour me dire tout souriant (parce que je pense qu'il venait vraiment de le réaliser) : « C'est exactement ça. Ça ne peut pas être plus vrai. »

En effet, d'une façon instinctive pour lui, le succès de sa carrière entière fut basé sur les principes suivants :

- la passion ;
- l'inspiration ;
- un but dans la vie ;
- la discipline et le travail ;
- la détermination et la puissance de la volonté ;
- se motiver soi-même et motiver les autres ;
- la maîtrise de sa destinée ;
- être un homme de cœur ;
- la vision et l'imagination de ce que l'on veut ;
- croire en soi ;
- l'espoir et la foi ;
- l'enthousiasme contagieux ;
- vous êtes à l'image de vos pensées ;
- savoir prendre des décisions ;
- le courage ;
- faire ce que l'on aime ;
- la puissance intérieure de notre subconscient ;
- nous sommes les seuls responsables de notre vie ;
- pour penser clairement, il faut des périodes de solitude ;
- le pouvoir de l'intention ;
- supprimer le mot *impossible* de son vocabulaire ;

- réaliser ses rêves;
- un désir sincère;
- une attitude mentale positive;
- l'initiative;
- l'authenticité;
- la vérité et la justice;
- le dépassement de soi;
- la magie de voir grand;
- être un leader;
- foncer, oser, passer à l'action et éliminer la procrastination;
- une bonne santé physique;
- se débarrasser de ses peurs, dont la crainte de réussir et la peur de la critique;
- le sens de l'humour;
- la grandeur de notre succès est proportionnelle à nos sacrifices;
- les imperfections et les erreurs: le seul être qui ne se trompe jamais est celui qui ne fait rien;
- nos revers sont souvent des bienfaits déguisés;
- le chagrin et la souffrance sont des bénédictions;
- une personnalité agréable;
- une énergie constante;
- la tolérance;
- faire face aux obstacles de la vie;
- la persévérance: ne jamais lâcher, ne jamais se décourager;
- le *timing* du succès;
- la générosité;
- la volonté de partager;
- un homme n'arrive jamais au succès seul;
- le respect des autres;
- le pouvoir de la reconnaissance et du merci;
- se souvenir d'où l'on vient;
- l'humilité;
- la franchise;
- l'honnêteté;

- tout échec, toute déception cachent en eux la semence d'un bénéfice équivalent, sinon supérieur;
- le temps, notre ami, redresse les injustices;
- la maîtrise de la douleur physique et mentale;
- le pouvoir de pardonner: faire la paix avec le passé pour mieux entreprendre l'avenir;
- l'excellence, et être prêt à en payer le prix;
- l'art de se vendre;
- en faire plus que ce qu'on nous demande: donner pour recevoir;
- la loi du changement oblige l'homme à s'améliorer;
- la patience dans l'adversité;
- notre véritable fortune s'évalue à ce qu'on est, pas à ce qu'on a;
- la priorité revient à la famille: un foyer ne peut s'acheter;
- les amis sincères: ceux qui nous disent la vérité;
- la chimie des esprits;
- ne jamais décevoir les enfants;
- l'importance de l'éducation;
- la paix intérieure et la sagesse…

La citation suivante de Napoleon Hill résume exactement ce qui a motivé Guy Lafleur toute sa vie durant:

« UN GAGNANT NE LÂCHE JAMAIS
ET UN LÂCHEUR NE GAGNE JAMAIS! »

Lisez attentivement tout ce qui suit, et vous retrouverez ces mêmes principes dans la philosophie et l'attitude de Guy Lafleur tout au long de son parcours professionnel. Ces principes ont fait de lui un individu qui a réussi « sa vie », et ils peuvent sûrement vous aider à réaliser également vos passions et celles des gens que vous aimez.

Tout cela a débuté dans la ville de Thurso…

# PREMIÈRE PÉRIODE

Maurice Richard, Jean Béliveau et Guy Lafleur… trois générations de champions
qui ont marqué à jamais non seulement l'histoire des Canadiens de Montréal,
mais l'histoire du hockey en général.

Le Gros Bill (10 coupes), le Rocket (8) et le Démon blond (5)
ont remporté ensemble un total de «23» coupes Stanley au cours de leur carrière
avec les Canadiens. Que dire de plus?

En 1978, à Boston, dans le vestiaire des joueurs quelques instants après la conquête de la coupe Stanley, Scotty Bowman est fier de son champion qui vient de remporter également le trophée Conn Smythe, décerné par la Ligue nationale au joueur le plus utile des séries éliminatoires.

Au cours de l'été 1978, entre deux rendez-vous, Guy fit un saut au Forum et en profita pour faire capter cet inoubliable souvenir de nous deux ensemble, un peu en reconnaissance du travail qu'on accomplissait tout au long de l'année.

Dans le vestiaire des joueurs, après un autre match exceptionnel de Guy, son ami Gary Carter, des Expos de Montréal, avec qui il partageait à l'époque le même bureau d'affaires, vint le féliciter pour sa brillante performance.

Larry Robinson, l'un des meilleurs défenseurs de la Ligue nationale, qui formait une véritable muraille défensive avec Guy Lapointe et Serge Savard, le « Big Three », ne pourra jamais renier l'amitié sincère qui le lie à Guy depuis de nombreuses années.

À différentes époques,
la détermination de
Maurice Richard, de Guy
et de Bernard Geoffrion,
en a fait les pires cauchemars
des gardiens de but
des équipes adverses.

Unique joueur à avoir accumulé 11 coupes
Stanley, ce qui a marqué toute l'histoire
de la Ligue nationale, élu capitaine des
Canadiens en 1971, Henri Richard fut
un modèle, et surtout un ami sincère
pour Guy Lafleur à ses débuts.

Malgré la robustesse du jeu
et les blessures que Guy portait
au visage après le match,
la magie naturelle qui existait
entre Steve Shutt et Flower leur
a permis d'éliminer les Bruins
en finale des séries de 1977
pour quitter Boston avec le
majestueux trophée de la LNH.

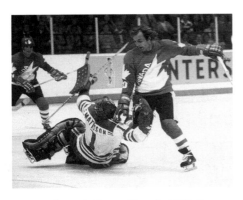

Lors de Coupe Canada 1976, Steve Shutt, qui était réputé pour lancer la rondelle dans le filet dès qu'il voyait une petite ouverture, semble s'amuser à voir le gardien finlandais, Markus Mattsson, tenter d'arrêter le Démon blond de toutes les manières.

Tout au long de sa carrière, la vitesse de Guy sur patins rendait la vie difficile aux joueurs de toutes les équipes de la Ligue nationale qui en arrachaient toujours pour le rattraper, comme nous le montre ce défenseur des Flames de Calgary aux trousses de Guy.

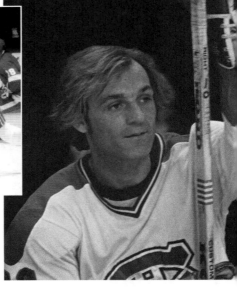

Guy a toujours excellé dans sa rapidité à manier le bâton tout en gardant la tête haute, comme on le voit déjouer habilement le gardien des Red Wings de Détroit, Robert Sauvé, pour finalement compter un autre but spectaculaire.

Quelle belle image de Guy sur le banc des joueurs avec sa crinière blonde, les yeux rivés sur le jeu… une image qu'on avait l'habitude de voir tous les samedis soir à *La Soirée du hockey* de Radio-Canada.

En 1976-77, Jacques Lemaire, Steve Shutt et Guy Lafleur, le trio de l'heure dans la Ligue nationale, terrorisaient les joueurs chaque fois qu'ils pénétraient dans la zone adverse, comme ici contre les Blues de Saint-Louis. Cette année-là, les Canadiens réussirent à inscrire une incroyable fiche de 60 victoires, 8 défaites et 12 matchs nuls.

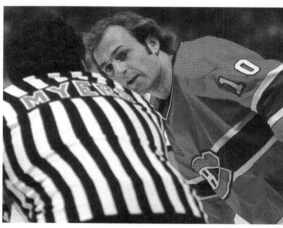

Les arbitres de la Ligue nationale tels que Bob Myers ont toujours eu beaucoup de respect pour Guy au cours de sa carrière. D'ailleurs, lors de son retour en 1988, plusieurs d'entre eux lui dirent qu'ils étaient heureux de le revoir sur la glace.

Les yeux de Guy Lafleur en disent long sur sa grande concentration à chaque partie qu'il disputait. Il attendait le signal de Bowman pour retourner aussitôt dans la mêlée.

Au dernier match de la finale de 1977, après l'élimination des Bruins,
Guy, la lèvre en sang, ses coéquipiers et leur capitaine Yvan Cournoyer jubilent
en faisant le grand tour de la patinoire du Boston Garden avec la coupe Stanley
à bout de bras.

Toujours à Boston, fous de joie, Guy Lapointe, Guy Lafleur, Yvan Cournoyer, Réjean Houle et compagnie se sautent mutuellement dans les bras aussitôt que le son de la sirène se fait entendre, les baptisant ainsi champions des séries de la coupe Stanley 1977.

Voici deux images vraiment typiques du grand marqueur que fut le Démon blond à ses belles années avec les Canadiens. Quel que soit le match, à domicile ou sur la route, il avait vraiment le CH tatoué sur le cœur.

## LA PASSION – VOUS ÊTES L'IMAGE DE VOS PENSÉES – L'IMPORTANCE DE L'ÉDUCATION

*« LE BUT… COMPTÉ PAR LE N<sup>O</sup> 10…*
*GUY… LAFLEUR ! »*

**Le 20 septembre 1951,** Réjean Lafleur et son épouse Pierrette Chartrand, qui venait de donner naissance à un beau garçon, étaient loin de se douter que cette célèbre annonce allait retentir à des centaines de reprises dans tous les grands arénas de l'Amérique du Nord.

Et encore moins que leur poupon de près de quatre kilos et demi, Guy Damien Lafleur, allait « appartenir » au public pour le reste de sa vie.

À cinq ans, il recevait sa première paire de patins, avec une tuque et un chandail du Canadien de Montréal. Il rêvait de jouer au hockey.

À l'école primaire Sainte-Famille de Thurso, étant distrait mais bon élève, ses professeurs devaient parfois le rappeler à l'ordre. Le directeur, le frère Léo Jacques, était sévère. Il suivait de près tous les écoliers et aimait jumeler études et sports. Pour jouer au hockey, Guy devait conserver une moyenne d'au moins 70 %. Comme tous les jeunes de son âge, en plus du hockey, il aimait

Dès l'âge de 5 ans, Guy passe son temps sur la patinoire extérieure avec ses amis.

déployer son énergie dans le tennis, la natation, la balle molle ou le ballon-panier.

Il s'arrangeait toujours pour être le premier arrivé à l'aréna, et sur la glace, une habitude qu'il conservera toute sa vie. Sa mère l'a plusieurs fois surpris, couché le soir, à s'endormir vêtu de son équipement de hockey pour ne pas être en retard le lendemain matin. Toujours prêt à aider, Guy allait souvent arroser la patinoire en traînant un baril d'eau, ce qui l'aidait, par la même occasion, à renforcer ses muscles et ses poignets.

Déjà à 11 ans, malgré son physique de calibre pee-wee, il jouait au hockey pour les moustiques de l'équipe Sainte-Famille et endossait le chandail numéro 10. Il était entraîné et dirigé par le frère Jacques et par Jean-Paul Meloche, alors gérant de l'aréna et responsable du hockey à Thurso. Ayant déjà un lancer frappé redoutable pour son âge, Guy était incapable d'effectuer un tir du revers. Le frère le prit à part lors d'une pratique et lui montra comment faire lever la rondelle du revers, en ciblant un trou dans la clôture de la patinoire. Après deux jours, Guy savait enfin comment faire. Bientôt, les gens accouraient juste pour le voir patiner et lancer.

Autant que possible, on le faisait évoluer en même temps dans les catégories moustique et pee-wee. C'est précisément à cet âge, en 1962, qu'il fut invité pour la première fois au Tournoi international pee-wee de Québec, dans l'uniforme des Boomers de Rockland.

Cette fois-là, même si Rockland s'inclina en finale du tournoi, devant une foule de près de 15 000 spectateurs au Colisée de Québec, les 30 buts de Guy avaient réussi à impressionner tout le monde et à donner plusieurs victoires à ses jeunes coéquipiers. Aux yeux de plusieurs, le joueur par excellence du tournoi était devenu le meilleur joueur de hockey pee-wee au pays.

## LA DÉTERMINATION ET LA PUISSANCE DE LA VOLONTÉ – LA DISCIPLINE ET LE TRAVAIL

Malgré lui, déjà, sa vie n'était plus celle d'un p'tit gars ordinaire. Mais il resta simple et espiègle, prêt à jouer toutes sortes de tours. D'ailleurs, seul garçon de la famille Lafleur, il adorait taquiner ses sœurs.

Désormais, il était devenu «la fierté» de Thurso, dans la région de l'Outaouais, cette petite municipalité de 2 500 habitants où il est né, située à 160 kilomètres de Montréal et reconnue pour ses papetières. Poli, gentil, mais gêné, et peu démonstratif, tout comme son père, voire solitaire, il était maladroit avec toute cette popularité. Il accumulait trophée après trophée, mais les apportait à la maison familiale et ne les regardait même plus par la suite. Il les oubliait aussitôt.

D'une détermination inimaginable, lui, tout ce qu'il voulait, c'était jouer au hockey, et il était prêt à mettre les efforts nécessaires pour y parvenir. S'il avait une corvée à accomplir pour ses parents ou s'il devait se rendre à l'école, il s'arrangeait pour joindre l'utile à l'agréable en s'entraînant à développer son souffle, ses muscles ou ses chevilles. Très discipliné, il courait chaque jour et travaillait à augmenter sa vitesse. Tout ce qu'il faisait était lié à son rêve ultime.

> Tout ce qu'il voulait, c'était jouer au hockey,
> et il était prêt à mettre les efforts nécessaires
> pour y parvenir.

## FAIRE CE QUE L'ON AIME – PRIORITÉ À LA FAMILLE

Par contre, jamais son père et sa mère n'insistèrent pour le pousser vers une carrière dans le hockey professionnel. Maman Lafleur, toujours souriante, joviale et accueillante, était plutôt cette bonne mère de famille qui cuisinait très bien et vivait surtout pour bien élever son fiston et ses quatre filles, Suzanne, Gisèle, Lise et Lucie, tandis que papa Lafleur, très fort physiquement, secret et réservé, travaillait dur, très dur, comme soudeur à l'usine de papier Singer de Thurso, souvent 60 heures par semaine, sans se plaindre des heures supplémentaires, et ce, pour 5 000 $ par année. Il y avait débuté à 0,30 $ l'heure.

Chaque hiver, il aménageait une patinoire pour Guy dans la cour de leur modeste maison blanche de la rue Bourget, qu'il avait construite lui-même de ses mains. En bons parents qu'ils étaient, ils voulaient plutôt que leur fils ait du fun à pratiquer ce qu'il aimait. Ils l'encourageaient de leur mieux, sans plus. D'ailleurs, Guy le répète aujourd'hui à tous les parents qu'il rencontre, ou lors des conférences qu'il donne : « **Il faut laisser le jeune s'amuser !** »

> Son père parcourait la distance Thurso-Québec
> à tous les matchs pour le voir jouer
> et l'encourager.

Avec leurs filles, madame et monsieur Lafleur allaient le voir jouer partout, aussi souvent qu'ils le pouvaient, et ils applaudissaient ses exploits, mais ils le laissaient libre de vivre sa passion à sa façon. D'ailleurs, pendant six ans, son père parcourait la distance Thurso-Québec à tous les matchs pour le voir jouer et l'encourager. Sa mère venait avec lui les fins de semaine, et ils dormaient tous les deux dans la voiture qu'ils avaient empruntée d'un ami, n'ayant pas assez d'argent pour aller à l'hôtel.

## LA PUISSANCE INTÉRIEURE DE NOTRE SUBCONSCIENT – L'ESPOIR ET LA FOI

Comme dans tous les foyers québécois, chez les Lafleur, tous les samedis soir, Pierrette, Réjean, Suzanne et Guy en pyjama, s'assoyaient religieusement devant leur petit téléviseur en noir et blanc. Aussitôt que Guy entendait le début du thème musical de *La Soirée du hockey* à Radio-Canada, on ne pouvait plus lui parler. Toute la famille, silencieuse, regardait le match des Glorieux, décrit par la voix unique de René Lecavalier et celle de Jean-Maurice Bailly, un duo inoubliable.

C'était l'époque où les Bernard «Boum Boum» Geoffrion, Henri et Maurice «Rocket» Richard, Gilles Tremblay, Phil Goyette, Jacques Plante, Dickie Moore, Bobby Rousseau, Jacques Laperrière, Claude Provost, Jean-Guy Talbot, Claude Larose, Marcel Bonin, Doug Harvey, Jean-Claude Tremblay et compagnie, dirigés par Toe Blake, accumulaient les coupes Stanley, année après année. Hypnotisé, Guy cessait presque de respirer chaque fois que le grand Jean Béliveau s'emparait de la rondelle pour traverser la patinoire en quelques longues enjambées, puis, après une ou deux passes à ses coéquipiers, déjouait finalement le gardien adverse. Durant les entractes, Guy reprenait son souffle pendant que Gerry Trudel, Camil DesRoches et Jean-Maurice Bailly, membres de la *Ligue du vieux poêle*, jasaient de hockey.

En 1963, Guy retourna au Tournoi international de hockey pee-wee de Québec, cette fois à titre de capitaine de l'Idéal de Thurso. Il avait choisi lui-même son chandail: le numéro 4... le même que son idole du samedi soir, Jean Béliveau. Tout au long de ce tournoi, ses adversaires avaient essayé de le neutraliser, mais par ses feintes trompeuses, ses changements de vitesse et son accélération, il avait réussi tout de même à mener son équipe à la conquête du trophée Fernand-Bilodeau aux dépens des Boomers de Rockland, dont Bernard Geoffrion assumait la présidence d'honneur. Cette saison-là, le moins qu'on puisse dire, c'est qu'il « terrifia » toutes les équipes de catégorie pee-wee.

En 1963-1964, l'Idéal de Thurso remportera le championnat de classe « C »
au Tournoi international de hockey pee-wee de Québec.

Âgé seulement de 12 ans, grâce à sa force physique, sa rapidité et à son tir puissant, il se démarquait de tous. Il faisait déjà les grands titres des pages sportives, et il reçut à deux occasions le trophée Red-Storey, remis au meilleur marqueur du tournoi.

Les dépisteurs du circuit professionnel commençaient à remarquer ses jeunes exploits. Alors qu'il n'avait que 14 ans, Claude Ruel s'était rendu jusqu'à Thurso pour rencontrer le père de Guy afin de lui faire signer un contrat avec l'organisation des Canadiens. M. Lafleur, calme, peu influençable et désirant avant tout le bonheur de son fils, trouva que c'était prématuré, et il refusa.

En 1964-65 alors que Guy, les yeux remplis d'espoir, jouait
dans les catégories Midget et Bantam.

## L'EXCELLENCE – ÊTRE PRÊT À EN PAYER LE PRIX –
## LA MAÎTRISE DE SA DESTINÉE

Puis ce fut son arrivée avec les As de la Ligue junior A du Québec.
Guy n'avait que 15 ans et, par un concours de circonstances, il fit la
connaissance d'Éva Baribeau, une toute petite dame de Limoilou,
une veuve très active et enjouée, chez qui il alla demeurer en
pension et qui le traita, pendant toutes ses années dans le junior,
comme un de ses propres fils.

En 1964, lors de sa troisième participation à ce célèbre Tournoi international du Colisée, auquel participaient environ 1 200 joueurs chaque année, Guy se permit même d'enfiler 7 buts contre les Boomers de Rockland.

Guy et ses jeunes coéquipiers sont fous de joie à la suite de leur victoire au Tournoi international de hockey pee-wee de Québec, en 1964.

Or, dans la Vieille Capitale, les amateurs ne remplissaient plus les arénas comme du temps de Jean Béliveau avec les Citadelles de Québec, et le hockey semblait n'aller nulle part. Mais malgré les saisons chancelantes des As, Guy réussit à compter 30 buts la première saison et 50 (en 49 parties), la deuxième année. Son nom circulait sur toutes les lèvres.

En 1969, à la suite de la fusion de cette ligue junior A avec la Ligue métropolitaine junior A, devait naître la nouvelle Ligue de hockey junior majeur du Québec. Les As allaient maintenant s'appeler les Remparts de Québec et seraient dirigés par Maurice Filion. À cette même période, pendant que la jeune vedette Marcel Dionne essayait de persuader Guy de venir jouer avec lui dans l'Association de l'Ontario, Ronald Caron, Roger Bédard et Claude Ruel, de la puissante organisation des Canadiens, revinrent à la charge pour négocier avec Guy et ses parents afin de l'amener avec le Canadien junior.

Mais Filion et Paul Dumont, le grand manitou du hockey junior à Québec, fasciné par Guy depuis ses performances au Tournoi international de hockey pee-wee, réussirent à le convaincre de signer plutôt avec leurs Remparts, en lui promettant surtout « beaucoup de glace », une clause « sine qua non » à laquelle Guy tenait absolument.

## L'INSPIRATION –
## UNE ATTITUDE MENTALE POSITIVE

À 18 ans, arborant toujours le numéro 4 et maintenant capitaine des Remparts, Guy Lafleur était devenu l'espoir du hockey à Québec, et il allait reprendre le flambeau là où Jean Béliveau l'avait laissé. Auteur de jeux exceptionnels, il continua à électriser la foule, et sa détermination sans bornes devint une source d'inspiration incroyable pour ses coéquipiers.

.............................................................................

Il continua à électriser la foule,
et sa détermination sans bornes
devint une source d'inspiration incroyable
pour ses coéquipiers.

.............................................................................

Il clôtura cette première saison 1969-1970 avec 103 buts et 67 passes pour un total de 170 points en 56 matchs, éclipsant ainsi les statistiques de Marcel Dionne et de Gilbert Perreault qui affichaient respectivement 132 et 121 points.

À la fin de la saison, comme promis, Paul Dumont renégocia son contrat et lui alloua un salaire d'environ 8 000 $, avec bonis. De plus, on allait lui donner une automobile de 6 500 $ à la fin de son contrat, soit à la fin de la deuxième saison. Guy devait aussi représenter les Remparts à des soupers-bénéfice, à des événements caritatifs, des conférences de presse, des cocktails, des réceptions mondaines ou des séances de photos.

## L'AUTHENTICITÉ – L'EXCELLENCE – LE DÉPASSEMENT DE SOI

Partout, son charisme inné attirait les gens, les journalistes et les photographes. Chaque fois qu'il se présentait à un endroit, tout le monde voulait lui parler, lui serrer la main ou se faire photographier avec lui. On ne disait plus un mot et on l'écoutait comme s'il détenait la vérité sur tout. Toujours bien habillé, propre, respectueux des normes et de l'autorité, élégant et conscient de son image, il restait humble et modeste. Aujourd'hui, il dégage toujours autant de magnétisme, sinon plus, en raison de son extraordinaire vécu.

En 1970, Guy reçut les honneurs de l'Athlète canadien par excellence et fut nommé membre de l'équipe d'Étoiles du hockey junior canadien.

À sa deuxième saison avec les Remparts, en 1970-1971, Guy compta 130 buts et récolta 79 mentions d'assistance, totalisant une marque magistrale de 209 points en 62 parties, une première dans le monde du hockey. Cette performance presque irréalisable lui fit remporter le championnat des compteurs.

Rien ne pouvait l'arrêter. Par exemple, lors du match du 5 février, Guy se permit de marquer 7 buts dans une victoire de 14-1 des Remparts contre Rosemont. Les Remparts remplissaient le Colisée à chaque rencontre. Et chaque fois qu'ils allaient jouer sur la route, une vingtaine d'autobus de partisans suivaient l'équipe pour aller voir le match. Puis, en séries éliminatoires, une fois de plus, Guy fut éblouissant et ramena la coupe Memorial à Québec pour la première fois en 9 ans, après que les Remparts aient défait les Oil Kings d'Edmonton 2 à 0. La foule était hystérique.

Au cours de cette année exceptionnelle pour Lafleur dans les rangs juniors, un peu avant ces mêmes séries, un soir d'avril, Sam

Lors de son dernier match avec les Remparts de Québec en 1971, Guy célèbre la victoire de la coupe Memorial avec son père Réjean, celui qui n'a jamais cessé de l'encourager depuis ses débuts.

Pollock, le directeur-gérant le plus puissant de la Ligue nationale et le grand stratège des Canadiens de Montréal, avait finalement décidé d'aller à Québec avec Claude Ruel afin de constater de ses propres yeux ce que tout le monde, surtout ses dépisteurs, disait sur le talent incroyable de ce jeune Guy Lafleur, son sens de l'anticipation et son instinct naturel du jeu. Sam n'arrêtait jamais de travailler, il n'arrêtait jamais de penser. Je me rappelle qu'il se déplaçait toujours en automobile pour aller à New York, Boston ou partout ailleurs, car il avait une peur bleue de l'avion, mais il n'en parlait jamais. Il partait souvent deux jours à l'avance et traînait toujours un oreiller dans la voiture pour ses siestes.

Ce soir-là, Guy, comme tout maître de son art, marqua 3 buts et inscrivit 3 passes, sans se douter que le grand Sam Pollock lui-même l'épiait. Ce dernier quitta le Colisée après la deuxième période pour revenir à Montréal aussitôt. Il en avait vu assez. Son idée était déjà faite. Il ne lui restait plus qu'à peaufiner sa stratégie afin d'acquérir Guy Lafleur, lors du premier choix au prochain repêchage universel de la Ligue nationale.

Mais il n'y avait pas seulement les dirigeants d'équipe comme Pollock qui « flirtaient » avec lui. Une journée de la même année, un gars du nom de Ronald Corey se présenta à la maison de

En 1971, Guy quittait les Remparts de Québec pour ensuite faire le grand saut dans le hockey professionnel, avec les champions de la coupe Stanley.

M$^{me}$ Baribeau à Québec pour parler à Guy et lui offrir ses services comme agent de joueurs. N'étant pas intéressé à signer avec qui que ce soit, Guy refusa. Corey revint frapper à la porte de la dame quelques fois, mais sans succès.

Or, chez le Tricolore, au printemps 1971, c'était le branle-bas de combat. Lors des séries de fins de saison, Henri Richard marqua en prolongation pour donner la convoitée coupe Stanley à ses coéquipiers. Par la suite, Al MacNeil remit sa démission comme entraîneur, et Sam Pollock le remplaça par son protégé de toujours, son ancien adjoint et coentraîneur à l'époque du Canadien junior de Hull-Ottawa, Scotty Bowman. Ensemble, ils avaient gagné la coupe Memorial en 1958, puis Bowman avait été par la suite entraîneur et directeur-gérant des Blues de Saint-Louis.

En même temps, à la grande tristesse des amateurs, Jean Béliveau, qui avait pris la relève de Maurice Richard à son arrivée avec le Canadien, annonça sa retraite après avoir connu une carrière des plus étincelantes.

Le matin du 10 juin 1971, Pierrette et Réjean s'étaient levés en devinant fort bien que la vie de leur fils n'allait plus jamais être pareille, de même que la leur.

# DEUXIÈME PÉRIODE

## LA MAGIE DE VOIR GRAND – RÉALISER SES RÊVES

**Comme à chaque année,** c'était jour de repêchage de la LNH à l'hôtel Reine Élizabeth, à Montréal. Toute la journée, à tour de rôle, chaque directeur-gérant annoncerait publiquement le joueur qu'il réclamait comme premier… deuxième… troisième choix… parmi les quelque 200 joueurs amateurs disponibles, et ainsi de suite pendant plusieurs rondes.

En retard à cause de la circulation, ralenti aussi par tous les photographes et journalistes qui s'approchaient de lui aux abords de la grande salle de l'hôtel, Guy arriva avec ses parents à l'instant même où c'était au tour de Sam Pollock de partir «le bal», étant le premier à parler. Entouré de ses dépisteurs à la table du Canadien, et après avoir consulté une dernière fois Bowman, Caron et Ruel qui, lui, plaida fortement en faveur de Guy au lieu de Marcel Dionne, Pollock lança au micro:

*« LE PREMIER CHOIX DES CANADIENS
DE MONTRÉAL: GUY LAFLEUR! »*

Clarence Campbell, président de la LNH, renchérit alors comme la coutume l'exigeait: «Les Canadiens de Montréal ont choisi GUY LAFLEUR!» Guy vint aussitôt rejoindre l'état-major de sa nouvelle équipe en saluant tout le monde. Une fois de plus, grâce à une transaction complexe mais géniale, amorcée deux ans plus tôt en cédant son premier choix de 1970 aux désormais défunts Seals d'Oakland en échange du premier choix de 1971, Sam, fidèle à sa réputation de fin renard, venait encore de donner un dur coup aux autres organisations du circuit Campbell, en repêchant la recrue la plus populaire du bassin de 1971. Quelques minutes plus tard, il recruta, entre autres, Larry Robinson et Murray Wilson.

Le 19 juin 1971, M^me Pierrette Lafleur pose fièrement avec Jean-Paul Meloche (à gauche), gérant de l'aréna, ainsi que le frère Léo Jacques (à droite), quelques jours après que Guy ait été recruté par Sam Pollock et Les Canadiens de Montréal.

Après avoir paraphé un contrat de deux ans, le 11 septembre de la même année, Flower, baptisé ainsi par ses coéquipiers, se présenta au camp d'entraînement du Tricolore. En entrant dans le célèbre vestiaire du Forum, il n'avait d'yeux que pour les portraits de Dickie Moore, Howie Morenz, Aurèle Joliat, Jacques Plante, Toe Blake, Elmer Lach, Maurice Richard, « Newsy » Lalonde et compagnie, affichés sur le mur en haut des casiers, et au-dessus desquels on pouvait lire en grosses lettres :

## « NOS BRAS MEURTRIS VOUS TENDENT LE FLAMBEAU. À VOUS TOUJOURS DE LE PORTER BIEN HAUT. »

Tremblotant, il avait peine à comprendre qu'il était en train de réaliser son rêve d'enfance. Lui, Guy Lafleur, était maintenant assis dans l'antre sacré de cette dynastie qui représentait la meilleure équipe de hockey au monde. Rien de comparable aux vestiaires luxueux des équipes d'aujourd'hui, mais les murs nous racontaient leur histoire. C'était magique, croyez-moi, car j'ai eu quotidiennement la chance d'y mettre les pieds pendant 3 ans. Lui, le p'tit gars du village de Thurso, était entré par la grande porte de la Ligue nationale, et au sein de l'équipe la plus fabuleuse. Il croyait vraiment rêver.

Jean Béliveau le prit sous son aile dès son arrivée à Montréal. Contrairement à la rumeur qu'il porterait le numéro 4 de son idole de toujours, Béliveau lui a alors suggéré de prendre un autre chandail. Ça lui permettrait de devenir un « premier » Guy Lafleur, et non un second Jean Béliveau, lui enlevant du même coup une pression additionnelle. Guy choisit le numéro 10. Mais, dans le vestiaire, on lui fit l'honneur de lui donner la place de Jean.

Seulement 19 ans, et déjà, tous les médias et tous les amateurs de hockey parlaient de la nouvelle recrue comme du digne successeur de Maurice Richard et de Jean Béliveau au sein de la prestigieuse organisation des Canadiens de Montréal. Dans toutes les conversations, on disait qu'il serait non seulement la superstar des années 1970 de la LNH, mais qu'il serait le meilleur. Pour Lafleur, la pression était très forte.

Il disputa sa première partie en saison régulière, au Forum de Montréal, le 9 octobre 1971 contre les Rangers de New York, alors qu'il enregistra sa première passe. Il avait maintenant 20 ans. Il marqua ensuite son premier but, assisté de Peter Mahovlich, à Los Angeles, le 23 octobre contre les Kings.

Or, Scotty Bowman en avait fait un joueur de centre aux côtés de Mahovlich et d'Yvan Cournoyer, puis avec Réjean Houle et Marc Tardif. Mais Flower était plutôt mal à l'aise à cette position. De plus, il était souvent laissé sur le banc, ce qui était un peu la stratégie « voulue » par l'organisation depuis très longtemps, contrairement aux autres équipes. Comme si on voulait que les jeunes joueurs prennent de la maturité, de l'expérience, et qu'ils méritent leur temps de glace avant de les faire jouer régulièrement. Ailleurs dans la ligue, les recrues comme Gilbert Perreault et Marcel Dionne n'avaient pas à subir cette contrainte. Ils avaient dès le départ la chance de profiter du temps de glace nécessaire à l'éclosion de leur talent.

## LA PERSÉVÉRANCE – LE COURAGE – NOUS SOMMES LES SEULS RESPONSABLES DE NOTRE VIE

Les débuts de Guy à Montréal ont donc été assez laborieux. Parfois, il était même sévèrement hué par la foule du Forum qui s'attendait à plus. Par contre, encouragé par Pierre Bouchard et Frank Mahovlich, chacun à leur façon, il continua de travailler sans relâche, avec la détermination qu'on lui connaissait. Il était timide et il s'est intégré lentement à l'équipe. Yvan Cournoyer s'est tout de suite lié d'amitié avec lui, et il l'amenait souvent dîner pour discuter et le mettre à l'aise. Le jour d'un match, le jeune surdoué arrivait toujours dans la chambre trois ou quatre heures avant ses coéquipiers, afin de se préparer mentalement et de se mettre dans l'ambiance.

Il continua de travailler sans relâche, avec la détermination qu'on lui connaissait.

Au cours de cette même saison naquit l'Association mondiale de hockey qui, dorénavant, serait la rivale de la LNH et de son expansion, ce qui allait changer du tout au tout l'image et la structure du hockey en Amérique du Nord. En effet, l'AMH tiendrait son 1er repêchage le 12 février 1972 à Anaheim, avec comme règlement de base le droit d'embaucher un joueur dès l'âge de 18 ans. Afin de s'imposer rapidement, le nouveau circuit professionnel s'était de plus donné le mandat d'aller soutirer certains grands noms à la LNH comme le vétéran Gordie Howe, qui décida de sortir de sa retraite… ensuite, Bobby Hull, Derek Sanderson, Jean-Claude Tremblay et plusieurs autres. L'AMH était gourmande.

Puis en mai 1972, lors d'une conférence de presse, un regroupement de gens d'affaires de Québec annonça officiellement la création d'une nouvelle équipe affiliée à cette Association mondiale : les Nordiques de Québec. Les dirigeants voyaient grand et ne s'en cachaient pas : ils voulaient Lafleur !

Pendant ce temps, à la fin de sa première saison avec les Canadiens, Guy n'avait réussi qu'à inscrire 29 filets et 35 passes pour une maigre récolte de 64 points en 73 parties, ce qui était louable, mais très décevant en vertu de son immense talent, et de tout ce que les partisans de Montréal et le monde du hockey attendaient de lui.

## LA PATIENCE DANS L'ADVERSITÉ – UN HOMME N'ARRIVE JAMAIS AU SUCCÈS SEUL

Malgré cette piètre performance pour un joueur de son calibre, Pollock savait que Guy deviendrait l'un des plus grands, sinon le plus grand. Ce n'était qu'une question de temps.

À la fin de sa deuxième année, il n'avait encore marqué que 28 buts et 27 mentions d'assistance pour un total de 55 points en 69 parties. Il n'était plus que l'ombre de ce qu'il avait été avec les Remparts.

Mais Sam ne paniquait pas, il y croyait toujours. Il se doutait qu'un jour le talent naturel du p'tit gars de Thurso finirait par refaire surface. Il était patient.

Le cœur de Guy semblait resté à Québec, avec ses amis.

## LES AMIS SINCÈRES

Heureusement, à son arrivée à Montréal, Élise Béliveau, l'épouse de Jean, lui avait trouvé un appartement dans les tours du Domaine d'Iberville à Longueuil, juste à la sortie du pont Jacques-Cartier. Il n'aimait pas Montréal et, quand il avait congé, il demeurait enfermé chez lui à écouter de la musique ou à écrire des poèmes. Après quelque temps, son concierge, le voyant toujours aussi solitaire, lui parla d'une belle jeune fille nommée Lise Barré, qui venait d'emménager dans un des logements du complexe. Elle était la fille d'un homme d'affaires influent de Québec, actionnaire des nouveaux Nordiques. Guy l'avait croisée rapidement alors qu'il jouait à Québec. Elle était devenue hôtesse de l'air. Sur les conseils du concierge, il se décida donc à faire les premiers pas et alla lui parler.

Ils sont d'abord devenus de vrais amis. Lise n'avait rien de la femme soumise. Elle était d'un caractère déterminé et indépendant, et d'une franchise déconcertante. Et Guy aimait ça, parce qu'elle le complétait à merveille même s'ils étaient différents. Bientôt, ils ne pourraient plus se passer l'un de l'autre. Ils se marièrent deux ans plus tard, le 16 juin 1973, à Lac-Beauport.

Deux mois et demi plus tôt, plus précisément le 4 avril 1973, Sam Pollock, qui avait une confiance inébranlable dans le potentiel de son protégé, sachant fort bien que les Nordiques de Québec lui faisaient sérieusement de l'œil avec des propositions de toutes sortes, s'empressa de lui offrir, sans attendre la fin de son contrat, une nouvelle entente de 10 ans d'un million de dollars, laquelle était garantie et renégociable à la fin des troisième et sixième années. Après 24 heures de réflexion, sous pression, Guy accepta sa proposition, sans être cependant totalement convaincu d'avoir fait le bon choix.

Mais, pour Guy, la saison 1973-1974 fut encore pire que les deux premières. Il n'accumula que 21 buts et 35 passes en 73 parties. Cette année-là, tout allait mal pour les Canadiens et les partisans nostalgiques s'ennuyaient des beaux jours du Rocket, de Dickie Moore, de Doug Harvey, du Gros Bill (Jean Béliveau)… de tous ceux qui leur avaient si souvent « donné » la coupe Stanley.

## LA PERSÉVÉRANCE – L'HUMILITÉ

Personnellement, je me souviens qu'en 1977, un samedi après-midi, Jean Béliveau m'avait raconté qu'un jour Guy était monté le voir dans son bureau pour lui confier qu'il ne comprenait plus ce qui se passait, qu'il ne pouvait plus performer, qu'il ne « l'avait » plus. Jean lui avait alors dit :

> « Guy, ne lâche surtout pas. C'est la Ligue nationale ici. C'est différent du junior et ça prend un certain temps avant de s'y habituer. Tu verras. Sois patient et ça va marcher. »

Guy n'avait pas l'air déprimé pour autant. Amoureux de Lise, il possédait sa maison à Verchères et il arrivait au Forum toujours souriant. Et, au cours des dernières saisons, Claude Ruel avait pourtant tout fait pour le faire exploser. Mais Pollock, perspicace, commençait à soupçonner que ce qui minait Guy, c'était plutôt qu'il voulait probablement qu'on arrête de le contempler à la loupe, lui qui était de nature effacée… Qu'on arrête de le comparer à Jean Béliveau, à Bobby Hull ou au Rocket.

N'était sûrement pas étranger à cela le fait que, dès l'âge de 11 ans, tandis que les autres garçons jouaient dans leur chambre avec leurs camions ou dehors avec leur bicyclette, lui, il était en train de signer des autographes dans un aréna quelque part, et avait été, depuis lors, sous les feux de la rampe.

Il avait été trimballé entre Thurso et Québec, puis finalement à Montréal, logeant chez des inconnus, loin du foyer familial. Même s'il adorait jouer au hockey, si on étudie son parcours de jeunesse jusqu'à ses 20 ans, on peut mieux comprendre aujourd'hui qu'il s'est privé de tas de plaisirs de jeunesse et que ça n'a pas toujours été facile. Autant d'exploits pour un jeune, et en si peu de temps!

## L'ENTHOUSIASME CONTAGIEUX – LE POUVOIR DE L'INTENTION

Guy se présenta ensuite au camp d'entraînement de la Sainte-Flanelle à la fin de l'été 1974 et, sans savoir pourquoi, il avait soudainement le goût de jouer plus que jamais. Probablement parce qu'en réalité, pour la première fois en trois ans, il commençait à être heureux dans sa tête. Peu à peu, à sa manière, il avait enfin apprivoisé la grande métropole, son public, les médias et, en plus, il était amoureux.

Par ailleurs, un détail fit de ce camp d'entraînement le moment décisif de sa vie professionnelle, une consécration. À l'époque, le port du casque protecteur n'était pas obligatoire; un jour d'exercice, Guy décida de l'enlever et de ne plus le porter. Aussitôt, il se mit à patiner et à virevolter dans tous les sens... Il se sentait léger et libre de se déplacer comme il le voulait... Un peu comme si ce casque l'avait emprisonné au cours des trois premières saisons. Il «s'amusait» enfin, comme à ses belles années pee-wee. Il redevint exceptionnel.

Il était maintenant prêt!

Les six saisons suivantes, de 1974-1975 à 1979-1980, donnèrent finalement raison à la patience, à la vision et au jugement de Sam Pollock. Guy Lafleur allait dominer la scène du hockey avec 119 points et plus par année.

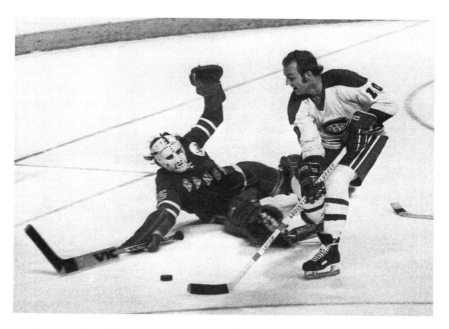

Après avoir retiré son casque protecteur, Flower devint aussitôt le joueur qu'on attendait de lui, le successeur de Jean Béliveau.

Au cours de quelques pratiques, Scotty Bowman s'était aperçu que la position « naturelle » de Guy semblait plutôt l'aile droite, plutôt que le centre. Il décida alors de le muter à l'aile droite et de former un nouveau trio avec Steve Shutt à gauche et Pete Mahovlich au centre. L'entraîneur avait visé juste, parce qu'après seulement quelques semaines, la magie s'était installée entre les trois joueurs. Leurs jeux inventifs hypnotisaient déjà les équipes adverses. Comme des enfants, ils avaient du plaisir à « jouer » ensemble. Et Guy déploya son talent à un rythme d'enfer.

Ils avaient du plaisir à «jouer» ensemble.

Par ses tirs foudroyants en entrant dans la zone adverse sur le côté droit, ses feintes trompeuses, son imagination, ses passes insoupçonnées et instinctives, Guy excitait les foules partout où il jouait. Quand il s'emparait de la rondelle, quittant sa position comme un indiscipliné, sans stratégie, cheveux blonds au vent, les spectateurs se tenaient sur le bout de leurs sièges, avec le pressentiment qu'il se produirait quelque chose et que le match allait prendre une autre tournure. Ils étaient déjà prêts à applaudir l'inévitable. Dans le Forum, maintenant devenu son royaume, on scandait «Guy, Guy, Guy» dès qu'il sautait sur la glace.

Comme il l'a fait de si nombreuses fois au cours de sa prolifique carrière, le Démond blond envoie ici le gardien des Rangers de New York prendre «une tasse de café» pour ensuite le déjouer.

Les journalistes ne le glaçaient plus. Au contraire, ils le motivaient. Sa passion, son énergie et sa bonne humeur étaient contagieuses. On se l'arrachait. Il était devenu le « dieu du stade » !

Sa passion, son énergie
et sa bonne humeur étaient contagieuses.
On se l'arrachait. Il était devenu
le « dieu du stade » !

## ÊTRE UN LEADER – UNE ÉNERGIE CONSTANTE

Le 7 mars 1975, grâce à 2 buts et 2 passes comptés au Forum contre les Capitals de Washington, il devint le premier joueur du Bleu-Blanc-Rouge à inscrire 100 points au cours d'une seule saison, devançant ainsi Dickie Moore et Frank Mahovlich.

Quelques parties plus tard, il était le troisième joueur des Canadiens à atteindre le cap « magique » des 50 buts. Il termina finalement cette saison avec 53 buts et 66 passes pour un total de 119 points ; sans oublier ses 12 filets et ses 7 mentions d'assistance en séries éliminatoires.

Il avait maintenant le respect des amateurs de hockey parce qu'il donnait un spectacle grandiose, mais il était en même temps l'ennemi juré des autres équipes de la Ligue nationale. Sur patins ou à l'extérieur d'une patinoire, son charisme attirait, et attire encore, tout le monde : amateurs de hockey, gens d'affaires, politiciens, artistes, comédiens, vieux et jeunes, tout le monde.

Son charisme attirait, et attire encore,
tout le monde.

En 1975, après Maurice Richard et Bernard Geoffrion, Guy devient le troisième joueur
de l'histoire du Tricolore à marquer 50 buts au cours d'une saison,
ce que très peu ont réalisé par la suite.

Quand il affrontait les terribles Bruins de Boston ou les méchants Flyers de Philadelphie, les coups vicieux pleuvaient, mais il était plus rapide, imprévisible, et avait appris à être plus intelligent qu'eux, à les esquiver. Quand il était frappé sournoisement, même s'il était très fort, il ne voulait pas se prêter à ce jeu physique ou jeter les gants. Il était conscient que sa mission était de compter des buts, de faire gagner les siens et de soulever les fans de leurs sièges.

Jour après jour, un exploit à la fois, un autographe « gratuit » à la fois, il entrait peu à peu dans la légende. Il devenait le plus populaire, le plus adulé de tous.

Je me rappelle que, pendant les séries de fins de saison, nous recevions des demandes d'accréditation pour la galerie de presse de la part de tous les médias du Canada, des États-Unis, de l'Europe, et même d'Hawaii et de l'Asie pour voir le phénomène « Guy Lafleur et ses Canadiens ». Le photographe Richard Gauthier qui

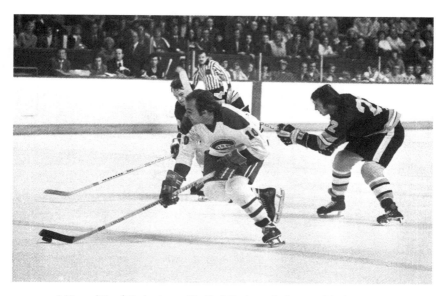

Même si Brad Park et ses « Big Bad Bruins » de Boston faisaient peur
aux équipes adverses, Guy Lafleur, par sa rapidité et son puissant coup de patin,
réussissait toujours à distancer les défenseurs bostonnais pour surgir seul
devant leur gardien, et finalement marquer.

couvrait le hockey me rappela d'ailleurs que les rédacteurs du très
réputé magazine américain *Sports Illustrated*, la bible du sport de
l'époque, assignaient souvent une équipe complète, rien que pour
suivre Guy pendant tout un match.

Ils étaient installés dans un coin du Forum que nous leur
avions strictement réservé, près de la baie vitrée, tout cela dans
le seul but de capter l'image la plus parfaite de Flower en pleine
action et d'en faire leur première page, accompagnée d'un article
qui serait distribué partout dans le monde.

## L'EXCELLENCE

Guy était enfin « le » superhéros francophone dont tous les
Québécois rêvaient depuis le départ de Jean Béliveau. Il était le
sauveur, celui qui allait nous ramener la fameuse coupe Stanley.

Au cours de leur histoire, les Canadiens avaient toujours aligné d'excellents joueurs anglophones, mais Pollock savait que ce qui différenciait son club de toute autre franchise en Amérique du Nord, et ce qui en faisait une équipe championne, c'était son bassin de joueurs-vedettes québécois «francophones», parmi lesquels avait toujours scintillé une superétoile à laquelle le Québec entier s'était attaché, s'était identifié.

Il y avait eu Maurice Richard, le déterminé, le gagnant, l'explosif au franc-parler. Puis Jean Béliveau, le talentueux, l'élégant, le sage, le diplomate, avait ensuite pris le flambeau. Et maintenant Guy, qui était une combinaison des deux : le passionné, le fougueux, le perfectionniste, le respectueux, l'honnête, l'ami du peuple, le charitable.

Il clôtura la saison 1975-1976 avec 56 buts, un record d'équipe, et 69 passes pour 125 points. Qui plus est, à l'immense joie des amateurs, les Canadiens rapatrièrent la coupe Stanley au Québec après avoir éliminé les méchants Flyers, à Philadelphie, le but de la victoire étant signé par nul autre que Guy Lafleur.

On apprit par la suite que, pendant ces séries, Guy avait reçu des menaces d'enlèvement et qu'il avait été hautement protégé par des enquêteurs. Cet épisode n'avait affecté en rien ses per- formances, bien au contraire. On lui a attribué le trophée Art Ross remis au meilleur marqueur de la LNH, et le Lester B. Pearson comme joueur par excellence de la Ligue nationale de hockey.

Le règne de la dynastie des Canadiens de Montréal venait de renaître.

## LA GRATITUDE

Le reste de l'été, entre quelques voyages en Europe, Guy se faisait un plaisir de remercier son public en participant à des promotions, des événements de représentation pour le club, et des tournois de golf comme celui de ses amis Jacques Viau et

André Chalut, même si, comme il s'amuse à le dire, il se lève la nuit pour haïr le golf !

......................................................................

Guy se faisait un plaisir de remercier son public.

......................................................................

Il participait également à des parties de balle molle d'un bout à l'autre de la province et du pays, à des visites dans les hôpitaux, dans des résidences pour personnes âgées, et à des soupers-bénéfice. Il savait que le public l'aimait, et il se disait qu'il ne pouvait pas leur dire non. D'ailleurs, il n'a jamais su dire non à qui que ce soit. Il voulait remettre l'amour qu'on lui vouait. Sur le coup, on avait tendance à penser qu'il en faisait trop. Mais, à long terme, on se rend compte aujourd'hui que cela a fait de lui bien plus qu'un simple athlète.

## DONNER POUR RECEVOIR

Combien de fois l'ai-je vu pendant des heures, avec une extrême patience, serrer des mains, signer des centaines d'autographes, s'intéresser aux gens et les encourager à sa façon, enfants comme adultes ! Tout cela gracieusement, sans rien demander, au contraire de la majorité des athlètes d'aujourd'hui.

......................................................................

S'intéresser aux gens et les encourager à sa
façon, enfants comme adultes !
Tout cela gracieusement, sans rien demander.

......................................................................

Jamais je ne l'ai vu se débarrasser de quelqu'un. Il a toujours été à l'écoute des gens de tout âge. Au début, il n'aimait pas tellement parler devant un grand auditoire, ça le stressait... un obstacle qu'il a aussi vaincu avec le temps puisqu'aujourd'hui, très souvent, il donne des conférences devant des membres d'associations ou de corporations, et des employés d'entreprises. Au cours de ces années-là, doté d'un caractère plutôt effacé, il n'était simplement pas à l'aise. Par contre, il adorait rencontrer ses admirateurs, et avoir une vraie conversation.

Combien de fois ai-je vu des gens âgés avoir des larmes de joie en le touchant, ou des malades en phase terminale avoir de soudains regains de vie de quelques jours juste parce qu'il était allé les encourager avec son sourire en coin, gêné et sympathique! Le chef d'antenne Pierre Bruneau, ému, m'avait raconté que 20 minutes avant que son fils Charles ne décède, Guy lui tenait encore la main. D'ailleurs, pendant les cinq étés qui suivirent son triste départ, Guy et moi avions mis sur pied l'Omnium de golf Guy Lafleur, dirigé par un comité responsable d'organiser ce rendez-vous annuel où gens d'affaires, médias, commanditaires, artistes, athlètes et amis se réunissaient pour venir en aide à Leucan.

Combien de fois, lors d'un lunch dans un resto, l'ai-je vu interrompre une conversation ou une réunion d'affaires, pour se lever et aller saluer un fan… parce qu'il avait remarqué que cet admirateur était trop gêné ou avait peur de le déranger. Guy décidait alors de faire les premiers pas.

Pendant tout ce temps, à la maison, Lise attendait Guy avec Martin, leur premier fils, né le 27 juin 1975, qui s'ennuyait énormément de papa. Guy adorait son épouse et cajolait son bébé sitôt qu'il rentrait chez lui, mais il avait énormément de difficulté à équilibrer ses vies professionnelle et familiale. Dévoué à son public, parfois trop, il se rendait compte qu'il ne s'appartenait plus, et que ses deux amours lui manquaient profondément. Lise allait souvent le voir jouer. Elle aimait l'homme et admirait son talent, mais elle ne raffolait pas du monde du hockey et de ses exigences, à plus forte raison parce que son homme était une supervedette adulée de tous. Ce n'était pas facile pour elle.

## UNE BONNE SANTÉ PHYSIQUE

Puis, en septembre 1976, se déroula le tournoi de la Coupe Canada, un tournoi international orchestré par Alan Eagleson, un avocat torontois. Parmi tous les pays participant à cet événement, le match opposant la Russie à Équipe Canada, formation composée des meilleurs éléments canadiens de l'Association mondiale et de la Ligue nationale, suscitait la plus grande attention. Au cours de cette compétition, un médecin de l'équipe qui avait noté le rythme cardiaque de 34 pulsations à la minute de Lafleur et sa rapidité de récupération fort impressionnante à l'effort, avait dit à Claude Mouton : « Il a le physique d'un gars qui court huit kilomètres par jour (alors qu'il ne courait jamais). C'est un phénomène ! »

Comme Guy, Bobby Orr a toujours été près de son public.
Et comme Guy, il était d'une disponibilité remarquable.

C'est également pendant cette série que Guy se lia d'une profonde amitié avec Bobby Orr, le grand héros de cette Coupe Canada, son compagnon de chambre lorsque l'équipe était sur la route. Les deux pensaient pareil. Les deux aimaient parler ensemble. Les deux avaient la même passion. Les deux jouaient avec un style imprévisible et intuitif, avec anticipation, sans jeu planifié à l'avance. Et les deux ont connu six saisons consécutives de 100 points et plus. J'ai eu moi-même la chance de connaître Bobby, et je peux vous dire qu'il y avait beaucoup de similitudes dans les attitudes positives de ces deux grands. D'ailleurs, plus tard, quand Guy voulut faire un retour au jeu, Orr déclara qu'il le comprenait et qu'en aucun temps il n'avait douté de sa réussite.

Guy et Rogatien Vachon semblent se concentrer avant de faire face aux Russes une dernière fois, en espérant sans doute qu'ils remporteront la série de Coupe Canada. Plus tard, à l'été 1988, Rogatien refusera de donner une chance à Guy de faire un retour au jeu après 4 ans de retraite. Les temps changent!

Guy, Bobby Orr et Marcel Dionne, maintenant champions du monde,
se réjouissent d'avoir aidé l'équipe du Canada à vaincre la Russie,
lors de la finale de la célèbre Coupe Canada de 1976.

À la suite de cette victoire, Bobby Hull et Guy, le sourire victorieux, confirment
aux spectateurs que l'équipe canadienne est bel et bien numéro 1.

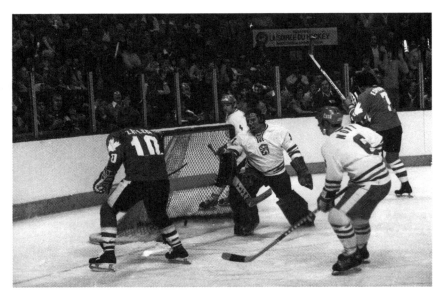

Lors de Coupe Canada, aux côtés de Phil Esposito, Guy trouve encore le moyen
de déjouer le gardien de l'équipe adverse, devant ses deux défenseurs
demeurés impuissants… Et compte !

## L'EXCELLENCE

Toujours en 1976, après que le Canada eut prouvé sa suprématie
mondiale au hockey, l'incroyable équipe des Canadiens de l'épo-
que (Pierre Bouchard, le Big Three réunissant Guy Lapointe,
Serge Savard et Larry Robinson, Yvan Cournoyer, Réjean Houle,
Yvon Lambert, Bob Gainey, Jacques Lemaire, Steve Shutt, Pete
Mahovlich, Doug Jarvis, Jim Roberts, Doug Risebrough, Mario
Tremblay, Murray Wilson, Rick Chartraw, Michel Larocque, Ken
Dryden et Guy Lafleur), allait reprendre là même où elle avait
laissé la saison précédente, en renouant avec la victoire.

Cette saison 1976-1977 fut la plus brillante, la plus spectaculaire
de toute l'histoire de la LNH. En 80 matchs, les Glorieux en
gagnèrent 60, n'en perdirent que 8, et annulèrent 12 fois, pour une
fiche d'équipe totale de 132 points, établissant le record de la ligue

En 1976-1977, Guy Lafleur est sélectionné pour le match des Étoiles en compagnie de Guy Lapointe (à droite) et de Ken Dryden (à gauche) des Canadiens de Montréal.

Toujours lors du même match, Guy, Darryl Sittler (à droite) et Phil Esposito (au centre) se félicitent mutuellement après avoir marqué. Douze ans plus tard, Phil, croyant au talent unique de Guy, lui donnera sa chance d'accomplir le plus grand retour au jeu dans le monde du sport, avec les Rangers de New York.

du plus grand nombre de points en une saison. Les Canadiens de Montréal venaient d'être reconnus comme la plus grande équipe de hockey au monde. Et pour en rajouter, en séries de fins de saison, les joueurs de Scotty Bowman éliminèrent les Bruins de Boston pour ainsi conquérir avec une très haute distinction une 2$^e$ coupe Stanley consécutive, la 20$^e$ de leur histoire. Tous ces exploits, du jamais vu… qui ne se répéta, et ne se répétera probablement jamais !

## LE SENS DE L'HUMOUR – LA VOLONTÉ DE PARTAGER – L'INSPIRATION

Et ce n'est sûrement pas étranger au fait que cette édition de joueurs-vedettes était absolument incroyable. L'atmosphère unique qui régnait dans le vestiaire abritant les fantômes de leurs prédécesseurs, leur sens de l'humour, le professionnalisme et le sérieux de chacun, la chimie entre les joueurs de chaque trio, leur fierté d'appartenir à cette dynastie du CH, Scotty, leur entraîneur autoritaire exigeant toujours plus d'eux, leur peur de décevoir l'oncle Sam du deuxième étage qui imposait l'admiration aussitôt qu'il pénétrait dans le vestiaire et, surtout, leur public auquel ils auraient eu beaucoup de mal à expliquer leur défaite au cours de l'été... Et leur talent si flexible que les joueurs offensifs pouvaient se replier et jouer aussi bien défensivement qu'offensivement lorsqu'il y avait une situation d'urgence.

......................................................

Leur sens de l'humour, le professionnalisme
et le sérieux de chacun, la chimie entre les
joueurs de chaque trio, leur fierté d'appartenir
à cette dynastie du CH, leur entraîneur
autoritaire exigeant toujours plus d'eux.

......................................................

Voilà les vraies raisons qui ont fait d'eux des champions, les numéros 1 au monde, année après année, capables de battre presque tous les records. Sam Pollock et Scotty Bowman avaient presque réussi à réunir une vingtaine de joueurs parfaits, ce qui était un tour de force dans la Ligue nationale. Au lieu de se vanter, Sam disait aux médias qu'ils avaient été chanceux de toujours avoir eu de grands joueurs qui savaient inspirer les autres. Il aimait comparer un peu les Canadiens aux Yankees de New York. Henri Richard avait déjà dit : « Quand vous êtes un joueur des Canadiens, vous ne pouvez avoir aucune excuse. » Lors d'un match, ils avaient tous un rôle précis à jouer et « perdre » n'était pas une option…. « Un pour tous. Tous pour un ! »

En janvier 1977, Scotty, probablement le « coach » à l'attitude la plus détestable et la plus arrogante, mais aussi le plus attachant et le plus fin stratège que la LNH ait connu, avait eu l'idée géniale de réunir Shutt, Lemaire et Lafleur.

Bowman savait agencer ses lignes d'attaque, et quand être désagréable dans le seul but de mettre le feu aux poudres de ses gars. Fouineur, il se mêlait souvent de tout et de rien. Tantôt souriant, tantôt de mauvaise humeur, il avait sa façon bien personnelle d'obtenir le respect et de gagner. Je l'ai déjà vu entrer dans le vestiaire avant un match, un samedi soir vers 18 h, en criant et en engueulant tout le monde à cause des deux horloges aux extrémités du Forum qui affichaient deux minutes de différence, dans le seul but de les motiver et de les fouetter. Inutile de préciser que les joueurs sautèrent sur la glace à 19 h 30 comme des enragés.

Que ce soit avec nous au deuxième étage ou avec les joueurs, il imposait son autorité et « jouait » au vieux bourru. D'une allure glaciale, il ne ratait jamais une chance de donner des ordres à tout le monde. En réalité, il préférait cacher qu'il avait bon cœur. Par exemple, à New York, un soir, pendant les éliminatoires, sachant très bien qu'il nous ferait plaisir, il décida tout bonnement de m'inviter avec Mouton et le Prof Caron à aller assister à un match de baseball des Yankees. Ces occasions-là nous prouvaient qu'il était un tout autre homme que ce qu'il voulait afficher. Scotty Bowman était unique.

Or, ce nouveau trio allait devenir le plus explosif et le plus spectaculaire de toute la Ligue nationale. Flower réussit 56 buts, 80 passes, pour 136 points ; 9 filets et 17 autres passes, pour 26 points en 14 parties dans les séries. Sa plus grande production annuelle à vie chez les professionnels. De plus, il remporta un autre championnat des marqueurs. Il enleva une fois de plus les trophées Art Ross et Lester B. Pearson, puis il y ajouta les trophées Hart (le joueur le plus utile à son club) et le Conn-Smythe (le meilleur joueur des séries).

Cette saison-là, pour les Canadiens et pour Guy Lafleur, ce fut l'apothéose. L'état-major, au deuxième étage du Forum, jubilait. Les Canadiens étaient puissants, voire invulnérables. Tous les Québécois s'identifiaient à eux.

Le rêve était loin d'être terminé.

## UN BUT DANS LA VIE

En 1977-1978, Guy explosa littéralement avec 60 buts et 72 mentions d'assistance, pour 132 points, devançant Mike Bossy et Brian Trottier des Islanders de New York, et dominant les compteurs du circuit Campbell. Il s'appropria une autre fois les trophées Art Ross et Lester B. Pearson, et le Hart. Mais, comme il l'a toujours dit, les trophées (il en a remporté 9 en 3 ans) et ses productions de 50 buts (6 années de suite, dont une de 60) ne signifiaient rien à ses yeux.

Il a toujours avoué humblement qu'il n'aurait jamais reçu tous ces hommages sans l'aide de ses coéquipiers. Il avait un travail à faire et, perfectionniste, il l'accomplissait de son mieux en donnant tout ce qu'il pouvait. Son véritable objectif était la coupe Stanley, pas les exploits personnels. Et ses coéquipiers et lui la gagnaient « ensemble » !

En finale des séries de 1978, au Forum de Montréal, Guy parvint à faire sortir
Gerry Cheevers de ses filets pour signer un autre but spectaculaire.

Il a toujours avoué humblement qu'il n'aurait
jamais reçu tous ces hommages sans l'aide de
ses coéquipiers. Son véritable objectif était la
coupe Stanley, pas les exploits personnels.

Les hommes du tandem Pollock-Bowman venaient de gagner
une coupe Stanley additionnelle, la 3e consécutive, en se débarras-
sant une fois de plus des Bruins de Boston, à Boston.

Lors du match des Étoiles de 1977-1978, les Canadiens de Montréal furent fort bien représentés. On y retrouva Guy Lafleur, Serge Savard, Ken Dryden, Scotty Bowman, Bob Gainey, Larry Robinson et Guy Lapointe. Une belle brochette de superstars!

## SE SOUVENIR D'OÙ L'ON VIENT

Voici une anecdote digne du respect que Guy témoignait à l'égard de son public…

Le soir même de cette conquête, comme chaque année où ils remportaient le populaire trophée à l'étranger, les joueurs revinrent par avion. Question de rigoler un peu, sachez que Guy s'assoyait toujours dans le dernier banc, à l'arrière de l'avion. Un jour, je lui ai demandé pourquoi. En riant comme toujours et ayant la réplique facile, il me répondit: «Yves, as-tu déjà vu un avion tomber par la queue?» Comme plusieurs de ses coéquipiers, il n'était pas trop brave en avion.

Toujours est-il qu'à leur arrivée à l'aéroport de Dorval, vers une heure du matin, nos Canadiens furent d'abord assaillis par une meute de 5 000 partisans inconditionnels, de journalistes et de photographes, dont le coloré Pierre-Yvon Pelletier du *Journal de Montréal*. Les gardes de sécurité avaient peine à contenir les gens qui voulaient toucher à leurs champions, ou leur arracher la cravate pour la garder en souvenir.

Chaque année que les Canadiens remportaient la coupe Stanley, le maire Jean Drapeau nous recevait à l'hôtel de ville de Montréal pour souligner l'événement.

Et immédiatement le lendemain, ce fut le fameux défilé de la coupe Stanley, suivi de la tournée des bars.

Je me souviens que cette année-là, après ce défilé dans les rues de Montréal, lequel durait environ trois heures, et se terminait toujours par une réception à l'hôtel de ville en compagnie du maire Jean Drapeau. Claude Mouton et moi étions censés rapporter le prestigieux trophée à nos bureaux du Forum dans une voiture de police, escortés par des agents. Or, avant de quitter la réception, Guy s'approcha de moi en chuchotant: « Yves, les gars et moi, on s'en va tous continuer à fêter au Friday's. Ce serait l'fun si Claude et toi veniez nous y rejoindre avec la coupe. Après tout, c'est la coupe Stanley du peuple, ils ont droit de la voir de près et d'y toucher! » Inutile de vous dire que, sans nous faire prier, c'est exactement ce que nous avons fait. Et Guy avait vu juste, il avait encore fait des heureux. Les clients de l'établissement étaient fous de joie.

Après tout, c'est la coupe Stanley du peuple,
ils ont droit de la voir de près et d'y toucher!

À la suite du défilé de la coupe Stanley de 1978, quand Claude Mouton et moi
sommes arrivés au Friday's, escortés par des policiers, avec la coupe et le trophée
Conn Smythe, Guy, les autres joueurs et surtout,
les clients n'en revenaient simplement pas.

Non seulement Guy était-il devenu la coqueluche du public
et du monde du sport, mais il attirait également les magnats de la
publicité, et leurs gros clients corporatifs. Cette saison-là, il signa
de bons contrats avec Bauer, General Motors, Koho et Yoplait.
Mais il se refusait bien d'endosser n'importe quoi. Il se permettait
de choisir. Conscient de ce qu'il représentait pour les jeunes, il
soignait son image et souhaitait la garder saine.

On se l'arrachait carrément.

............................................................................................

Conscient de ce qu'il représentait pour
les jeunes, il soignait son image
et souhaitait la garder saine.

............................................................................................

Dans les bureaux du Forum, les messages téléphoniques, les lettres provenant du monde entier, les requêtes de visites ou de représentations, les demandes d'autographes sur des photos ou des chandails, les appels de dirigeants d'entreprises, les sollicitations des médias pour de grandes entrevues… Il en pleuvait. Et presque tout, à 80 %, était adressé à Guy Lafleur. À l'époque au Forum, il n'y avait pas une panoplie d'employés pour répondre à tout ce beau monde comme aujourd'hui au Centre Bell. Après les pratiques quotidiennes, quelques fois par semaine, Guy venait dans nos bureaux, puis Suzanne Lafranchise et Normande Herget, nos deux *superwomen* du Forum sur lesquelles on pouvait toujours se fier sans crainte, lui transmettaient rapidement les autographes, les nombreuses demandes ou les papiers à signer, avant qu'il ne quitte en coup de vent pour un dîner ou un rendez-vous d'affaires. C'était la folie!

## FAIRE FACE AUX OBSTACLES DE LA VIE

Pendant cet été de 1978, les amateurs étaient loin de se douter qu'il se tramait des changements majeurs au sein de la structure et de l'organisation de la plus grosse « machine » de hockey professionnel au monde. En août, Edward et Peter Bronfman, propriétaires des Canadiens de Montréal, annonçaient en conférence de presse qu'ils vendaient l'équipe championne à la brasserie Molson pour 20 millions de dollars. Par la même occasion, Sam Pollock annonça qu'il quittait son poste de directeur-gérant et le monde du hockey, pour devenir administrateur et grand patron de Trizec, une des entreprises de l'énorme conglomérat des Bronfman.

Quel coup d'État! Et en pleine gloire!

Je me souviens de ces quelques jours de suspense pendant lesquels, Scotty Bowman, contrairement à son rôle habituel de «bougonneux», nageait dans la bonne humeur. Étant avec le Canadien depuis 1971 et ayant mené son équipe à quatre conquêtes de la coupe Stanley, dont trois consécutives, il croyait vraiment être le successeur «légitime» de Pollock. Quelle ne fut pas sa déception, d'ailleurs à la surprise générale, quand il apprit en septembre 1978 qu'un propriétaire de salle de quilles, Irving Grundman, occuperait ce siège, le plus important de toute équipe sportive professionnelle.

Cette nouvelle fut très mal accueillie par les joueurs et par toute l'équipe du second étage du Forum. Tous étaient convaincus que ce poste était un «naturel» pour Scotty et personne ne comprenait comment Sam Pollock, ce génie du hockey qui avait bâti une si belle équipe de champions, avait pu «suggérer» cette nomination pour le moins absurde.

Un directeur-gérant doit connaître les joueurs et les règlements de la LNH, avoir une vision du potentiel d'un joueur, se déplacer constamment pour voir jouer les jeunes espoirs, savoir quand échanger un joueur et quel choix obtenir au repêchage, savoir négocier avec le talent humain, décider qui embaucher comme recruteurs et comme entraîneur, bâtir un club-école solide avec un tas de talents pressés de faire leurs preuves, et tout cela… avec le respect de ses pairs.

À l'époque, grâce à la vision de Sam, le club avait un bassin incroyable de joueurs de «relève». L'organisation avait de la profondeur. Je me souviens qu'en 1978, alors que Ken Dryden dominait la ligue par ses exploits de gardien de buts, Pollock avait sept autres gardiens de buts dans sa filiale, qui attendaient d'avoir leur chance de faire le saut avec le grand club. Mais Grundman ne possédait rien de tout cela. Il n'était pas un homme de hockey.

Tous se demandaient: pourquoi pas Scotty Bowman avec son expérience et ses connaissances? Ce même Bowman qui allait prouver avec le temps, malheureusement avec d'autres équipes, que Pollock avait eu tort, qu'il s'était trompé, probablement pour la première fois… Qu'il aurait été un directeur-gérant hors pair et qu'il aurait pu changer la triste histoire de nos Canadiens au cours des années 1980. Ironie du sort, Scotty Bowman est, et restera à coup sûr, l'un des plus grands entraîneurs et des plus habiles gérants d'organisation de l'histoire de la LNH.

Dès lors, Bowman fut obligé d'accepter son sort, mais il s'assura d'informer Grundman qu'il ne tenait pas à travailler sous ses ordres, et qu'il quitterait l'équipe dès la fin de son contrat. Il ne lui restait qu'une année.

Désormais, dans tous les coins du Forum, on ne respirait plus de la même manière, l'air était devenu étouffant. Les employés étaient sur leurs gardes, malheureux, craignant de perdre leur emploi. Les joueurs se tenaient encore ensemble, comme de vieux frères, mais un peu comme si le bon père de famille les avait abandonnés. Et avec raison!

Le manque d'expérience flagrant d'Irving Grundman allait très rapidement faire surface et lui occasionner bien des maux de tête.

Il y eut d'abord le dossier de l'échange de Pierre Bouchard aux Capitals de Washington. Quelle erreur de stratégie de la part de Grundman, encore une fois causée par son inexpérience! En plein après-midi, il avait demandé à Mouton et moi-même d'annoncer cet échange dans nos bureaux, en présence d'Yvon Pedneault, de Réjean Tremblay, de Red Fisher et de Bertrand Raymond, en croyant pouvoir annoncer qu'on le rapatrierait avec les Canadiens le soir même.

Mais il s'était embourbé dans les règlements et John Ziegler, le président de la LNH, le ramena à l'ordre plus tard en soirée et fit échouer son plan, forçant ainsi Bouchard à quitter les Canadiens définitivement. Conséquence: le lendemain, dans notre service de relations publiques, Mouton et moi étions débordés par les appels de partisans outrés qui nous promettaient de ne plus boire de bière Molson de toute leur vie. Pierre était aimé de tout le monde. Il était un ami fidèle de Guy. Les joueurs, l'état-major, le public, personne n'avait digéré cette bévue monumentale.

Puis ce fut le dossier chaud « Guy Lafleur », qui traînait depuis un certain temps.

## LA VÉRITÉ ET LA JUSTICE – LA TOLÉRANCE

Un certain matin d'entraînement, avant que Bouchard ne soit échangé, les chèques de paie furent distribués aux joueurs dans le vestiaire. Et Pierre Bouchard, alors assis à côté de Guy, lui avait dit très candidement et très honnêtement: « Guy, comment se fait-il que je gagne plus que toi? C'est pas normal... C'est complètement insensé! »

Guy non plus n'y avait rien compris. Il avait tout donné à cette équipe, et depuis trois ans il était champion des marqueurs du circuit Ziegler. À l'automne 1978, à la deuxième année d'un contrat de trois ans signé par Pollock et à la veille d'un match contre les Leafs à Toronto, Guy explosa et informa Grundman qu'il ne jouerait pas le lendemain, s'il ne renégociait pas immédiatement son contrat, lequel venait à échéance un an plus tard. Il se sentait exploité, et avec raison.

Tout ce qu'il voulait, c'était un contrat qui respectait sa valeur de joueur, selon l'échelle des salaires de la ligue. Je me rappelle très bien que c'était la consternation dans nos bureaux du Forum pendant les 24 heures qui suivirent. Grundman faisait les cent pas et ne savait pas trop comment se sortir de cette impasse... La plus grande étoile de la Ligue nationale « en grève » !

> Tout ce qu'il voulait, c'était un contrat qui
> respectait sa valeur de joueur.

Le lendemain après-midi, Irving Grundman prit l'avion à destination de Toronto pour aller discuter avec Guy et son agent de l'époque. N'ayant pas vraiment le choix, il lui promit

Cet après-midi mémorable de 1988, à notre sortie du Madison Square Garden
de New York, Guy Lafleur et moi-même, nous vivions des moments uniques,
avec la très grande satisfaction du rêve réalisé, alors que Guy jouait le soir
même contre ses anciens coéquipiers des Canadiens de Montréal.
Une image réellement symbolique avec cette inscription :
NEW YORK RANGERS VS MONTRÉAL CANADIENS
TONIGHT AT 7 : 30 – IN THE GARDEN.

Michel Bergeron, secondé par Charles Thiffault, a su diriger d'une main de maître ses Rangers de New York pendant deux saisons. Grâce à sa vision, il a vite compris que le talent de l'ex-champion marqueur qu'il avait un jour rêvé de diriger, Guy Lafleur, ne pouvait être mis à la retraite si tôt, et qu'il serait une inspiration pour les plus jeunes.

Une fois le retour de Guy réussi, il était tellement demandé partout, que nous étions souvent forcés de discuter de nos dossiers dans la voiture, entre deux réunions.

Lucien DeBlois, Chris Nilan et Guy Lafleur, trois anciens joueurs des Canadiens de Montréal, mais également trois hommes de cœur, ont eu la chance de se retrouver dans le Big Apple en même temps, sous la direction du Tigre.

À New York, Guy avait recommencé
à s'amuser en jouant au hockey,
un peu comme il l'avait toujours
fait dans sa jeunesse et dans ses
plus belles années.

Voilà un autre cliché typique
de Guy Lafleur en action,
au Madison Square Garden
de New York, qui en dit long sur
sa passion, sa détermination
et son rêve de jouer encore
au hockey, lors de son retour
au jeu en 1988.

Ses longues enjambées,
sa fougue et la
puissance de son
coup de patin étaient
toujours au rendez-
vous, même après avoir
été tenu à l'écart de la
glace pendant près
de quatre saisons.

Le 4 février 1989, en patinant sur le CH du Canadien au centre de la patinoire, dans l'uniforme des Rangers, lors de la période de réchauffement d'avant-match, Guy essayait d'évacuer la pression de son mieux tandis qu'un tas de souvenirs lui passaient par la tête. Il revenait alors jouer au Forum pour la première fois depuis son départ des Canadiens.

Comme nous le prouve cette affiche, les partisans ne l'avaient vraiment pas oublié et lui souhaitèrent la meilleure des chances. À son premier coup de patin sur la glace, les GUY! GUY! GUY! retentirent de partout.

Marcel Dionne au centre, Guy à l'aile droite, vêtu de l'uniforme des Rangers de New York et contre les Canadiens… Un scénario presque identique à celui que j'avais imaginé au moment du retour de Guy, alors que je l'avais visualisé à Los Angeles avec Gretzky au centre.

Ce soir-là, en marquant ce but contre Patrick Roy, le meilleur gardien de la Ligue nationale à l'époque, Guy venait une fois pour toutes de se prouver à lui-même ce qu'il m'avait dit auparavant : « Ne me dis pas que je ne peux pas jouer encore avec ces gars-là ! » Il avait bel et bien raison.

Toujours le 4 février 1989, *Flower* trouve une ouverture entre Petr Svoboda et Rick Green, et se faufile entre eux pour se rendre jusqu'à Patrick Roy et… enfiler son 2ᵉ filet de cette soirée magique que personne n'a encore oubliée.

À New York, contre l'équipe montréalaise, Larry Robinson, son vieil ami, en a plein les bras et ne sait plus où donner de la tête, sachant fort bien qu'avec Guy Lafleur autour du filet, tout peut arriver.

En se promenant sur Broadway, Guy s'arrête devant un kiosque à journaux, typique de la ville de New York, pour feuilleter le *New York Post*. Le titre à la une, « *DO OR DIE !* », collait exactement à la mission qu'il s'était donnée en effectuant son retour.

Avant d'arriver au Madison Square Garden, dans le but de relaxer un peu et d'oublier sa ligne, il se permet de déguster un énorme bretzel qu'on vend un peu partout dans les rues, tandis qu'on voit passer les taxis de New York.

Les joueurs du Canadien ont tout fait pour empêcher Guy de compter, mais sans succès… Devant ses nouveaux partisans de New York, Lafleur venait de trouver le fond du filet aux dépens de son ancienne équipe.

Le 10 juin 1989, dans le cadre du 23ᵉ anniversaire des Victor Awards à Las Vegas, Guy remporta le trophée du «Plus grand retour d'un athlète dans le sport professionnel». Alors que Wayne Gretzky le félicitait pour son exploit, les organisateurs ont tenu à immortaliser l'événement avec Guy et moi.

Le 17 décembre 1988, au Forum de Montréal, malgré une blessure le privant de participer au match, lors d'une cérémonie d'avant-match organisée par le Canadien en son honneur, Guy enfila symboliquement son chandail des Rangers au centre de la glace, en saluant chaleureusement ses fidèles partisans.

Dans l'après-midi du 4 février 1989, au Forum, Guy jouait avec moi au backgammon dans le vestiaire des Rangers, avant que tous les joueurs arrivent, question de se concentrer et de se détendre un peu. Le résultat fut excellent car, quelques heures plus tard, il enregistra 2 buts et une mention d'assistance contre Patrick Roy.

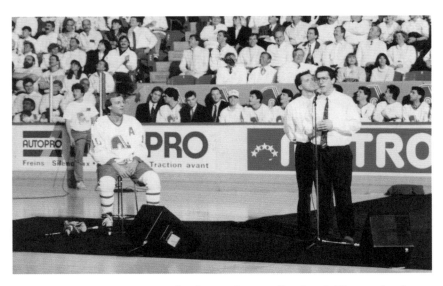

Le 31 mars 1991, avant son tout dernier match en carrière dans la Ligue nationale, en l'occurrence contre les Canadiens de Montréal, Guy fut honoré par les Nordiques au Colisée de Québec. Parmi les artistes invités, dont Diane Tell et André-Philippe Gagnon, Alain Dumas, pour sa part, a bien fait rire Guy en faisant plusieurs imitations.

finalement qu'il ferait tout en son pouvoir pour rendre Guy heureux. Quelques heures plus tard, Lafleur sauta sur la glace du Maple Leafs Garden, et une nouvelle entente faisant de lui le joueur le mieux rémunéré de l'histoire des Canadiens fut officialisée au cours des jours suivants. Ce qui était décevant, c'est que Lafleur ait dû recourir à des menaces pour obtenir son augmentation. Il ne faisait que réclamer son dû.

Le 31 décembre 1979, Guy et les Canadiens célébrèrent l'arrivée de la nouvelle année en jouant un match amical au Forum de Montréal contre l'Armée Rouge. Fidèle à ses habitudes, Flower avait réussi à menacer l'adversaire chaque fois qu'il sautait dans la mêlée.

## SE MOTIVER SOI-MÊME ET MOTIVER LES AUTRES

Cette même saison 1978-1979 se termina tout de même en beauté malgré les incertitudes et tous les problèmes internes et administratifs traversés par l'organisation du Bleu-Blanc-Rouge. Ce fut digne d'un grand film hollywoodien. Au 7$^e$ match de la demi-finale des séries éliminatoires disputée au Forum, vers la fin de la 3$^e$ période, les Bruins de Don Cherry menaient 4-3, mais sont soudain pénalisés pour avoir eu trop de joueurs sur la glace. Quelle erreur dont tout le monde parle encore aujourd'hui !

À 71 secondes de la fin du match, Guy s'empare de la rondelle à l'arrière du filet de Ken Dryden, virevolte dans sa zone en attendant l'ouverture du jeu, monte à vive allure jusqu'à la ligne rouge, passe la rondelle à Lemaire qui entre dans la zone des Bruins. Lemaire renvoie du revers le disque à Lafleur qui décoche un boulet instantané de la pointe droite, sa marque de commerce, un « one-timer », et déjoue le gardien Gilles Gilbert, pour égaler le pointage et conduire son équipe en période supplémentaire. Yvon Lambert marqua plus tard le but victorieux, sur une passe de Mario Tremblay, éliminant ainsi Boston des séries.

Puis en finale, Scotty et ses gars, avec Lafleur en tête, s'emparèrent de leur 4$^e$ coupe d'affilée contre les Rangers de New York, mais cette fois-ci devant leurs partisans, à domicile pour la première fois depuis 11 ans. Les murs du Forum de Montréal tremblèrent. L'ambiance était euphorique. Nous avions laissé entrer parents et amis dans le vestiaire des joueurs afin qu'ils puissent vivre les grandes émotions d'une victoire de la Coupe Stanley.

Flower avait terminé cette saison 1978-1979 avec 52 buts, 77 passes pour 129 points. Une autre année de rêve, non seulement pour lui, mais aussi pour notre société québécoise qui s'identifiait à « son » héros et à « ses » Canadiens.

Le lendemain de la victoire de la série finale 1978-1979 contre les Rangers de New York, toute l'équipe, incluant Claude et moi, immortalisait cette victoire avec la coupe Stanley, quelques heures avant d'entreprendre le parcours du défilé sur la rue Sainte-Catherine.

## ÊTRE UN HOMME DE CŒUR

Une autre anecdote entourant la conquête de la coupe demeure inoubliable...

Un peu comme une routine « annuelle », le lendemain midi de cette victoire, d'un bout à l'autre de la rue Sainte-Catherine, tous les travailleurs se privaient carrément de dîner pour applaudir leurs champions du haut de la fenêtre de leur bureau, lors du traditionnel défilé de la coupe Stanley que Claude Mouton et moi organisions dans un temps record.

C'était ensuite, en soirée, la célébration officielle du championnat avec un banquet majestueux à l'hôtel Reine Élizabeth, offert à tous les membres de l'organisation et leurs épouses, évidemment, en compagnie de la Coupe. Pour finalement, aller poursuivre la fête au restaurant de notre ami Claude Saint-Jean sur la Rive-Sud de Montréal, jusqu'aux petites heures du matin.

Le deuxième jour de festivités, comme le voulait la coutume, les joueurs continuèrent à célébrer à la taverne du bon vieux Toe Blake, près du Forum, et à la brasserie de leur ancien capitaine qu'ils aimaient tant, Henri Richard, sur l'avenue du Parc.

Un peu plus tard en soirée, Guy, instinctivement et fidèle à lui-même, eut une autre idée. Avec la complicité de Guy Lapointe, joueur de tours invétéré, il s'était emparé de la clé du coffre arrière de la voiture de Mouton, dans lequel était cachée la coupe Stanley. Il la remit à Pierre Plouffe, un de nos amis, champion canadien de ski nautique qui adorait le hockey, et qui suivait les Canadiens partout sur la route. Il lui demanda d'aller faire une copie de cette clé et de « kidnapper » ensuite la coupe dans le coffre de la voiture de Claude, sans que personne ne s'en aperçoive.

Ce que fit Plouffe discrètement, se refusant à décevoir son idole. Pendant ce temps, Lapointe avait fait cacher la voiture de Mouton, au grand désespoir de ce dernier, pour que tout le monde puisse croire à un vol. Quelques heures plus tard, le lendemain, le précieux trésor, l'original et l'unique que possédait la LNH, se retrouvait sur le patio de la piscine de Lise et Guy à Baie-D'Urfé, pleine de champagne. Et le dimanche, Guy la transporta dans sa propre voiture jusqu'au foyer familial pour en faire d'abord profiter ses parents et ses sœurs.

Rapidement, tous les résidents de Thurso apprirent la nouvelle et voulurent se faire photographier avec la célèbre coupe et leur héros. Pendant 24 heures, recherchant leur « bijou » partout, les dirigeants de la ligue étaient sous le choc, morts d'inquiétude, croyant que la coupe Stanley avait été volée par des fans !

Il n'y avait que Guy Lafleur qui pouvait se permettre une telle « indiscipline », sans subir les représailles du président de la magistrale LNH.

D'ailleurs, Guy venait de créer un précédent, une première ; en effet, la ligue accepte maintenant que les joueurs, sur demande, promènent cet emblème de succès avec un agent de sécurité, partout en Amérique du Nord, même en Europe, aidant ainsi à promouvoir le hockey.

Une fois de plus, Guy avait pensé avec son cœur, il avait pensé aux autres… Il avait voulu faire plaisir à tout le monde.

......................................................................................................

Guy avait pensé avec son cœur,
il avait pensé aux autres.

......................................................................................................

## LA LOI DU CHANGEMENT

Puis, comme prévu, Scotty Bowman annonça son départ, ce qui déclencha une véritable « chasse aux entraîneurs ». Il le fallait si l'équipe voulait poursuivre sur le sentier de la victoire, et ainsi décrocher une 5$^e$ coupe d'affilée pour égaler le record de l'ancienne dynastie des Glorieux entre 1956 et 1960.

En septembre 1979, Bernard « Boum Boum » Geoffrion succédait donc à Bowman.

Au fil des ans, Geoffrion avait mérité ses lettres de noblesse. À titre de souvenirs nostalgiques et pour vous ramener un peu dans le temps : dans les décennies 1950 et 1960… aux côtés de Maurice Richard, Jean Béliveau, Henri Richard, Yvan Cournoyer, Ralph Backstrom, Jean-Guy Talbot, Gilles et Jean-Claude Tremblay, Dollard St-Laurent, Marcel Bonin, Butch Bouchard, Floyd Curry, John Ferguson, Lou Fontinato, Phil Goyette, Bobby Rousseau, Terry Harper, Doug Harvey, Claude Provost, Jacques Plante… Boum Boum avait porté l'uniforme du Canadien durant 14 saisons ; il avait été un leader et avait remporté 6 coupes Stanley, dont 5 consécutives.

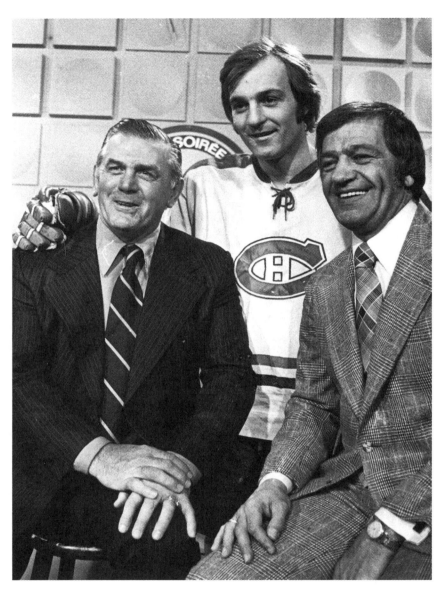

Guy a toujours eu un énorme respect pour les anciens champions du Canadien,
ceux qui lui avaient tracé le chemin de la victoire alors qu'il n'était
qu'un enfant. Évidemment, Bernard «Boum Boum» Geoffrion (à droite)
et Maurice «Rocket» Richard (à gauche) furent de ceux-là.

Popularisant le lancer frappé, il était un marqueur naturel. Comme Maurice Richard et Guy, il avait atteint le cap des 50 buts en 1960-1961. Comme Maurice et Guy, intense et vrai, il avait réussi en étant un joueur «offensif», et il prônait encore ce style de jeu. D'une nature flamboyante, extraverti et aimant rire, mais d'une santé délicate, il ne dirigea que pendant quelques mois cette édition 1979-1980, assisté de la riche expérience de Claude Ruel. Puis, Piton, qui avait déjà occupé le poste d'entraîneur de 1968 à 1970, prêcheur d'un jeu plutôt défensif, contrairement au Boomer et à Guy, poursuivit le reste de la saison aux commandes de l'équipe qui, pour la première fois depuis longtemps, subit l'élimination en quart de finale.

En dépit des obstacles, notre Guy national, toujours appuyé par Steve Shutt à l'aile gauche, et par Pierre Larouche au centre (à la place de Lemaire), une décision de Geoffrion, parvint encore une fois à inscrire 50 buts pour une 6e année consécutive, conjugués à 75 passes pour un total de 125 points. Larouche en compta également 50 et Shutt 47, pour 147 buts enfilés par le trio.

Mais Guy constatait de plus en plus qu'avec les changements à la direction, depuis la vente de l'équipe et les départs de Pollock puis de Bowman, la chimie des joueurs et le bel esprit d'équipe qui les avaient toujours motivés s'effritaient. Je me rappelle que Sam Pollock répétait inlassablement: «On ne change jamais une combinaison gagnante!»

......................................................

Le leadership n'y était plus, et les gars n'avaient plus le feu sacré et le désir d'être les meilleurs.

......................................................

Or, on venait justement de changer cette combinaison gagnante, en place depuis plusieurs années. Le leadership n'y était plus, et les gars n'avaient plus le feu sacré et le désir d'être les meilleurs. De plus, de gros noms comme Lemaire et Cournoyer étaient partis, et d'autres comme Shutt, Lapointe, Savard et Lambert allaient bientôt se retrouver sous d'autres cieux.

# TROISIÈME
# PÉRIODE

## LA FRANCHISE – L'HONNÊTETÉ – FAIRE FACE AUX OBSTACLES DE LA VIE

**En 1980-1981,** le nouveau système de jeu défensif qu'imposait « le coach » volait du temps de glace aux joueurs offensifs comme Lafleur, Shutt ou Larouche au profit des unités défensives, pénalisant ainsi leur talent de marqueurs. Les jeux spectaculaires de Guy, crinière au vent, étaient presque chose du passé. Cette année-là, Flower avait subi plusieurs blessures et n'avait disputé que 51 parties.

Il ne compta finalement que 27 buts et Shutt, son complice des années de gloire, n'était plus lui-même. Les Oilers d'Edmonton et leur jeune supervedette Wayne Gretzky éliminèrent les Canadiens. Gretzky s'était emparé du championnat des compteurs, et les médias commencèrent même à dire qu'il serait l'Étoile des années 1980.

Guy avait pris l'habitude avec le temps de toujours dire ce qu'il pensait, de façon directe et franche, et il ne se gêna pas pour blâmer publiquement Ruel et Grundman pour les insuccès de l'équipe. Mais, au lieu de reconnaître ses torts, Grundman osa répondre aux médias que Lafleur était un athlète « indiscipliné ». Jamais Pollock ne se serait embarqué dans un tel débat avec un joueur de la qualité de Guy, qui s'était donné corps et âme pendant toutes ces années, toute sa vie.

À l'automne 1981, la pression, le public et les médias eurent raison du bon gars qu'était « Piton » Ruel. Ruel avait toujours aimé « ses p'tits gars », comme il les appelait tous affectueusement, mais il ne pouvait en supporter davantage. Il démissionna donc, et Grundman engagea Bob Berry pour le remplacer, ce dernier ayant connu une certaine notoriété avec les Kings de Los Angeles.

Plus que jamais, l'improvisation faisait place à un jeu « technique » défensif. Donc, toujours de moins en moins de glace pour Lafleur et Larouche. Lafleur n'ayant que 30 ans, inutile de vous dire que c'était presque un sacrilège d'enchaîner le talent d'un athlète aussi naturel. Il avait peut-être perdu quelques secondes de sa rapidité, mais sa sous-utilisation n'aidait en rien sa cause.

Par la suite, en première ronde des séries éliminatoires, au printemps 1982, Michel Bergeron et ses Nordiques envoyèrent rapidement les Canadiens « jouer au golf », donnant raison aux nombreuses déclarations du Démon blond contre la gérance et la direction de l'équipe.

C'est en 1982 que Molson engagea Ronald Corey comme président. Au mois d'août, Guy et Larry Robinson durent confronter Grundman pour renégocier leur contrat, ce qu'il fut obligé de finaliser en septembre.

En 1982 et 1983, les Canadiens continuaient de dégringoler. Bob Berry n'avait rien prouvé de plus que Claude Ruel, et n'avait rien changé, sinon un petit élan de victoires à son arrivée. Par ailleurs, puisque Pierre Larouche avait été envoyé à Hartford par Grundman en décembre 1981, ce fut le festival des joueurs de centre pour Lafleur, avec Doug Wickenheiser, Ryan Walter, Pierre Mondou et Denis Carbonneau. De plus, il y avait maintenant très peu de grands joueurs à aller puiser chez les Voyageurs de la Nouvelle-Écosse, le club ferme des Canadiens que Pollock avait si minutieusement construit au cours des années. Grundman, en peu de temps, l'avait laissé aller à la dérive.

Guy ne jouait plus sur deux trios comme à ses meilleures années. Berry poussa même le ridicule jusqu'à former un nouveau trio « défensif » en le faisant jouer avec Bob Gainey et Keith Acton au centre. Oui, vous avez bien lu... un trio défensif avec Guy Lafleur, Gainey et Acton!

À la moindre erreur, on laissait Flower poireauter sur le banc des joueurs. La foule ne comprenait plus rien et les «gérants d'estrade» continuaient à critiquer de plus belle les frasques de la direction de la Sainte-Flanelle, et avec raison. On étouffait, lentement mais sûrement, le talent de leur Démon blond. Et les célèbres Canadiens étaient de moins en moins célèbres.

Le mois d'avril 1983 fut marqué par le congédiement très attendu d'Irving Grundman par Corey. Ce dernier nomma aussitôt Serge Savard comme directeur-gérant, avec Jacques Lemaire et Jacques Laperrière comme assistants de Bob Berry. Guy était content pour eux. Il était sûr que le retour de ses anciens compagnons d'armes dans l'organisation, ceux-là mêmes avec qui il avait levé à bout de bras la coupe Stanley si souvent, ferait en sorte qu'il allait pouvoir retrouver le temps de glace nécessaire à ses performances.

Mais non. Guy avait été naïf. Sans aucun respect pour ce que l'homme avait déjà accompli, Berry continua de provoquer Lafleur en le laissant sur le banc dans des situations de jeu où il aurait pu encore grandement aider son équipe.

Savard et Lemaire croyaient plutôt que Guy avait ralenti, qu'il n'avait plus les mêmes réflexes et qu'il refusait simplement de se l'admettre, comme eux-mêmes l'avaient vécu en tant que joueurs. Contrairement à plusieurs autres dirigeants de la ligue, leur philosophie était de bâtir une nouvelle équipe de joueurs, pas une équipe autour d'une grande vedette, comme Pollock savait le faire.

..............................................................................

Leur philosophie était de bâtir une nouvelle
équipe de joueurs, pas une équipe
autour d'une grande vedette.

..............................................................................

## CROIRE EN SOI

Savard embaucha Bobby Smith et le fit jouer comme centre sur la ligne de Guy, sans que toutefois Berry lui donne plus de glace. Par conséquent, ses performances continuaient d'être instables. Pendant quelques matchs, il reprenait goût à jouer, il explosait et l'équipe gagnait. Les partisans continuaient de scander GUY! GUY! GUY! et lui restaient fidèles.

Mais dans sa tête, quelques jours plus tard, il imaginait sa carrière se terminer abruptement, et il ne produisait plus, parce que cloué au banc plus souvent qu'à son tour. Guy était conscient qu'il n'avait plus les mêmes jambes et les mêmes mains qu'à 20 ans, mais il était convaincu que des présences plus fréquentes sur la glace auraient pu continuer à soulever la foule qui l'adorait toujours, auraient pu aider à le motiver, et à motiver les plus jeunes.

À quelques semaines du début des séries éliminatoires de la saison 1984, Savard congédia Berry et nomma Lemaire entraîneur-chef.

Au moment de cette nomination, malgré une maigre récolte de 28 buts, Guy était toujours le meilleur marqueur des Canadiens.

Jacques Lemaire était devenu différent du hockeyeur qui empilait les buts avec Lafleur. Il était allé apprivoiser les techniques européennes du coaching pendant quelques années en Suisse. De plus, il pensait maintenant comme un entraîneur, et non pas comme un joueur... tout comme Serge Savard qui pensait maintenant comme un directeur-gérant.

Cet écart de philosophies entre Guy et eux n'allait pas améliorer la situation. Sous le joug de Lemaire, curieusement, Guy a été limité à 4 buts en plus de 50 parties. Flower ne pouvait pas comprendre que son ancien joueur de centre, Lemaire, avec qui il avait joué « avec instinct » et fait la pluie et le beau temps dans la Ligue nationale, soit maintenant rendu un théoricien du hockey, qu'il soit aujourd'hui son patron et se permette de lui imposer un autre style de jeu. De son côté, Lemaire se disait que Lafleur n'avait plus le désir brûlant de gagner et que le système de jeu défensif qu'il imposait à ses joueurs ne convenait plus au style de Guy. Il jouait maintenant à «l'autorité», et Guy continuait d'être sous-utilisé.

À l'automne 1984, les Canadiens jouaient du bon hockey, mais du hockey terne, sans spectacle, qui n'excitait pas la foule. Et par ses GUY! GUY! GUY! insistants et de plus en plus forts, elle suggérait toujours à Lemaire d'employer leur héros. Elle voulait de la passion sur patins.

Entre-temps, Serge Savard remercia Steve Shutt pour ses loyaux services. Il n'y avait désormais plus de place pour lui au sein de cette équipe. Après neuf saisons, Shutt troqua son chandail Bleu-Blanc-Rouge pour celui des Kings de Los Angeles.

## SAVOIR DÉCIDER

Le samedi 24 novembre 1984, Guy Lafleur était loin de se douter qu'il allait jouer son dernier match dans l'uniforme des Canadiens de Montréal.

Lors de l'entraînement du matin, Lemaire lui avait promis de lui donner plus de temps de glace contre les Red Wings de Detroit, le soir même. Cette fois-là, Guy voulut bien croire que Jacques allait tenir parole. Mais non. Il ne joua presque pas. N'en pouvant plus, sur le banc, il décide d'abdiquer définitivement. Entre deux périodes, il envoie chercher Savard pour lui parler, mais ce dernier ne vient pas. Il termine le match et va lui annoncer: «Savard, c'est fini. Tu as ce que tu voulais. Je ne joue plus. C'est terminé.»

Et Serge de répondre tout simplement, et politiquement: «Qu'est-ce qu'on va dire aux journalistes?

— Tu leur diras ce que tu veux, ce n'est plus de mes affaires.»

Savard demanda alors à Guy de réfléchir et de venir le rencontrer à son bureau le lundi suivant.

Après avoir passé la fin de semaine à parler avec Lise, à remuer tout cela dans sa tête et à analyser sa position actuelle chez le Canadien, il ne croyait malheureusement plus en cette organisation qu'il avait tant admirée depuis l'enfance. Il se demandait franchement comment Serge et Jacques, ses amis, pouvaient le traiter de la sorte.

Désabusé, trompé, il était rendu à la croisée des chemins et n'avait qu'une chose en tête : claquer carrément la porte du Forum et partir. De nature habituellement pacifique, Guy était maintenant furieux. Ils l'avaient « écœuré ». Il se sentait « trahi » par ses proches.

Lise, enceinte de leur fils Mark à l'époque, le comprenait et l'appuyait, mais avait une tout autre opinion : « Guy, c'est vrai qu'ils n'ont aucun respect et que ce sont des salauds. Ils ont fait la même chose à Maurice Richard qui leur a également tout donné. Toi, tu leur as rapporté cinq coupes Stanley. Le public t'adore. Tout le monde t'aime.

« Pourquoi n'essaies-tu pas de t'entendre avec eux ? Tu n'as qu'à leur demander un poste dans l'organisation. De toute façon, ils n'ont pas le choix. Ils savent très bien qu'ils ne peuvent pas se permettre de te voir partir. Le peuple leur en voudrait à vie. »

Dans son for intérieur, Guy savait que Lise avait raison. Mais il était profondément blessé.

Il se leva le lundi matin, et partit pour le Forum comme prévu. Il était décidé à leur dire sa façon de penser, leurs quatre vérités, franc et honnête comme il l'a toujours été.

................................................................................

Il était décidé à leur dire sa façon de penser,
leurs quatre vérités,
franc et honnête comme il l'a toujours été.

................................................................................

Puis la pièce de théâtre commença.

En arrivant dans le bureau de Savard, Guy vit Corey qui semblait passer par là. Souriant et comme si de rien n'était, le président vint le saluer. Guy n'avait jamais considéré Corey comme un gars de hockey, mais plutôt comme un homme rusé et habile, un fin renard. Il demanda à Corey de s'asseoir avec eux et d'écouter ce qu'il avait à leur dire. À sa façon, Guy leur déballa son sac en leur disant qu'il aurait préféré qu'on lui dise clairement et sincèrement qu'il ne cadrait plus dans leurs plans et dans le « système » de jeu de Lemaire, au lieu de le laisser niaiser sur le banc.

Corey et Savard, mal à l'aise, l'écoutaient et ne savaient pas trop quoi répondre, sinon qu'ils avaient encore confiance en lui, qu'il se faisait des idées… et tout le baratin. Soudainement, Corey sortit de la réunion, prétextant aller téléphoner à ses patrons de Molson. Il revint quelques minutes plus tard en disant à Guy : « J'ai tout arrangé. Nous te donnons un poste de marketing et de relations publiques avec l'organisation. Tu auras ton bureau avec nous et tu feras 75 000 $ par année, avec un compte de dépenses. »

Savard poursuivit : « Si tu acceptes, on prépare tout de suite une conférence de presse pour annoncer ta retraite et ta nouvelle carrière. » Pendant quelques minutes, Guy se rappela la suggestion de Lise pendant la fin de semaine. Et il accepta, incapable une fois de plus de dire « non ». D'ailleurs, même s'il était reconnu pour dire ce qu'il pensait, il a toujours été incapable de dire « non » à qui que ce soit, par peur de déplaire. Il est encore comme ça aujourd'hui.

Corey et Savard venaient habilement d'acheter la paix. On ne voulait surtout pas de scandale, de déclarations incendiaires ou d'une seconde séparation à la Maurice Richard. Il n'était pas non plus échangé. L'enfant prodigue rentrait docilement dans les rangs de la Sainte-Flanelle. On venait de « sauver la face » aux yeux de tous.

C'est ainsi que l'après-midi même de ce 26 novembre 1984, en conférence de presse organisée par les Canadiens au restaurant La Mise au Jeu du Forum, devant ses coéquipiers et tous les médias, Guy se sentit obligé de jouer «leur» jeu.

Voici, intégralement, ce qu'il expliqua, la voix tremblotante, les larmes aux yeux, bafouillant, cherchant ses mots, à travers des phrases saccadées :

« […] C'est là que j'ai décidé de prendre le week-end et d'en parler [*long silence tandis qu'il ravale*] sérieusement avec ma famille […]

Ce matin, je me suis rendu au Forum… [*il ravale encore*] puis… j'ai annoncé ma décision… à M. Corey et à Serge Savard… que j'étais pour prendre ma retraite…

Pas parce j'étais dans une léthargie… Au contraire… C'est parce que…

Peut-être que je n'étais pas motivé comme je l'ai été dans mes grosses années…

Puis… je me suis aperçu d'une chose… C'est que l'équipe va bien… Et vaut mieux se retirer quand l'équipe va bien… que si l'équipe avait été dans une passe où il y avait eu des difficultés… »

À l'exception des clics d'appareils photo, on pouvait entendre une mouche voler.

Pour la première fois de sa vie, par la force des circonstances, Guy n'avait pas dit la vérité. Il avait parlé avec sa tête, au lieu du cœur. Les médias le savaient, mais émus autant que lui, ils ont respecté le choix de son scénario. Instantanément, ce fut la course folle dans les salles de nouvelles.

Dans toutes les conversations, on ne parlait plus de politique, de finances ou d'actualité. Tout le monde préférait donner son opinion sur le triste départ du grand Guy Lafleur des Canadiens de Montréal. Le public avait beaucoup de peine à croire que c'était la fin de la mission de leur héros, et qu'il quittait de son plein gré. On venait de tourner la page, voire un chapitre complet de l'histoire du Québec. Le hockey ne serait plus jamais le même à Montréal. Les Canadiens n'avaient plus de superstar pour suivre les traces de Maurice, de Jean et de Guy. Selon la grande majorité du peuple, Savard, Lemaire et Corey avaient touché à « l'intouchable ».

Ce fut une journée sombre pour tous les amateurs de hockey.

Un doute planait sur la vérité. Guy avait reçu un don, un talent, une nature physiquement exceptionnelle, et à 33 ans, il était encore assez fort, assez rapide et assez instinctif pour aider la cause des Glorieux.

D'ailleurs, quelques années plus tard, dans l'édition du *Journal de Montréal* du 13 décembre 1988, Bertrand Raymond écrira : « S'il y a un reproche que l'on puisse adresser à la direction du Canadien, c'est celui de ne pas avoir su le récupérer quand Flower traversait une déprime terrible. Un peu de psychologie de leur part aurait peut-être fait toute la différence. »

Dans le même sens que Bertrand, mais plus directement, ma défunte maman me disait toujours : « Mets-toi toujours dans la peau de l'autre pour savoir comment tu te sentirais. » De toute évidence, ça n'a pas été le cas dans le dossier de Guy.

## LE CHAGRIN ET LA SOUFFRANCE
## SONT DES BÉNÉDICTIONS

À Montréal, le 16 février 1985, lors d'une cérémonie spéciale d'avant-match contre les Sabres de Buffalo dirigés par Scotty Bowman qui avait changé de camp, on retira officiellement son chandail. Lise et Martin, son fils de 10 ans (Mark âgé de 2 ans était absent car trop jeune), Pierrette et Réjean ainsi que M^me Baribeau étaient avec lui sur la glace du Forum.

Ils avaient de la difficulté à contenir leurs larmes tandis que le Démon blond fit un dernier tour de piste en saluant son public qui, pendant plusieurs minutes, scandait le traditionnel GUY! GUY! GUY! en agitant leurs casquettes à l'effigie de Guy, un peu comme si les spectateurs ne voulaient pas que ça s'arrête, comme s'ils voulaient assister à une autre montée fulgurante de leur idole.

Ses coéquipiers, les joueurs de Buffalo, avec son ami Gilbert Perreault en tête, les entraîneurs, ses admirateurs, tous s'étaient levés, s'essuyant le coin de l'œil, pour rendre un dernier hommage non seulement à l'un des plus grands athlètes de la décennie, mais aussi à l'homme honnête qu'il avait toujours été. L'émotion était à son comble. La scène était touchante.

> Un dernier hommage non seulement
> à l'un des plus grands athlètes de la décennie,
> mais aussi à l'homme honnête
> qu'il avait toujours été.

Ronald Corey, Serge Savard et Jacques Lemaire croyaient que tout était enfin rentré dans l'ordre!

## LA PATIENCE DANS L'ADVERSITÉ – LA TOLÉRANCE

Guy Lafleur faisait désormais partie du service des relations publiques du Tricolore.

Mais imaginez un peu la situation: un gars transparent comme lui, qui dit tout ce qu'il pense, occupait maintenant le poste de relations publiques d'une entreprise qui avait toujours voulu contrôler son image et bien paraître!

Corey lui fit suivre quelques cours de marketing et Guy aimait ça, mais le service de marketing du Canadien avait été confié à un autre groupe à l'interne. De plus, à sa grande déception, on ne le mêlait jamais à aucune décision de hockey et on ne l'impliquait dans rien non plus. Il se disait que son expérience aurait sans doute pu les aider. Mais non, il n'était qu'une image… un centre d'attraction.

Après trois mois, il ne connaissait toujours pas ses tâches et n'avait aucune responsabilité officielle. Corey se contentait d'utiliser le charisme de Guy et son impact sur le public lors de réceptions, pour des œuvres de charité ou pour présider des événements spéciaux, tantôt pour les Canadiens, tantôt pour Molson, mais sans plus.

Guy se voyait perdre carrément son temps et n'avait jamais rien d'intéressant à faire. Il s'aperçut très vite qu'on l'avait manipulé pour mieux le contrôler et le tenir tranquille, à l'écart. L'organisation s'en servait comme d'un trophée, voire une mascotte, comme elle l'avait fait avec le Rocket.

Savard, Lemaire et Corey travaillaient ensemble, mais ils laissaient Lafleur sur la touche, encore une fois.

## LES AMIS SINCÈRES

Or, tout au long de ces années, malgré mon départ des Canadiens, j'étais toujours resté ami avec les deux Guy, Guy Lafleur et Guy Lapointe, avec lesquels j'allais souvent manger et discuter. À l'été 1985, ayant ma propre entreprise de marketing et de production, j'eus l'idée de produire la première vidéo éducative sur le hockey en Amérique du Nord, un peu comme Jack Nicklaus l'avait fait sur le golf. J'ai tout de suite appelé Guy pour l'intéresser à mon projet : il serait le conseiller des techniques de jeu, mon vieil ami Pierre Ladouceur de *La Presse* en serait l'animateur, lui qui a toujours été un connaisseur et un analyste de hockey hors pair, et Alain Montpetit, vedette de l'heure à la télé, jouerait à la fois les rôles de narrateur et de gardien de but. Le tout en version française et anglaise pour le Canada et les États-Unis. Il me répondit d'un ton protecteur : « Yves, c'est une bonne idée. On le fait. Mais je ne veux pas que tu perdes un sou. »

Lors de notre production vidéo de 1985 au Complexe Les 4 Glaces de Brossard, Pierre Ladouceur, Alain Montpetit, Guy et moi-même étions dirigés par le réalisateur Raymond Gauthier et toute son équipe.

Nous avions décidé que la mise en marché serait à l'américaine, c'est-à-dire en vendant la vidéo en magasin et non en location. En deux mois seulement, nous avions signé des ententes d'exclusivité avec trois commanditaires majeurs, Simpson, Steinberg et Spectrum Video, et nous avions enregistré des préventes de 23 000 vidéos avant même d'avoir tourné une seule scène ; ce qui nous permit d'autofinancer notre projet sans investir un sou pour finalement vendre un total de 34 000 exemplaires, alors qu'à l'époque seulement 30 % des foyers possédaient un magnétoscope. Guy, heureux de renouer avec son public, put alors constater qu'en dépit des événements ternes de sa fin de carrière, il était toujours adulé de tous, même du monde des affaires.

Puis, le tournage s'amorça le lundi 23 septembre, vers 6 h 30 le matin, sur la patinoire du complexe Les 4 Glaces à Brossard. Il s'amusa comme un gamin toute la journée.

Même si Guy vivait une période difficile de sa vie, à la suite de son congédiement du Canadien de Montréal, la mise en marché de notre vidéo lui donna l'occasion d'oublier. Il n'a jamais perdu son sens de l'humour.

Quelques jours plus tôt, en promotion pour la boulangerie Weston, Guy s'était rendu dans les bureaux du *Journal de Montréal* et Bertrand Raymond était venu vers lui pour prendre de ses nouvelles. Il lui avait demandé aussitôt comment allaient ses « négociations » de contrat avec Corey.

Quelqu'un de l'organisation lui avait sûrement parlé puisqu'il était informé de tous les chiffres avec précision, ce que Corey, Savard, Lise et Guy devaient être les seuls à savoir. Il en connaissait plus que Guy sur ce contrat. En réalité, Guy avait demandé à Corey de lui confier un poste d'ambassadeur pour l'organisation, étant donné qu'il se retrouvait la plupart du temps à l'extérieur du bureau à faire de la représentation, non seulement pour les Canadiens, mais aussi pour Molson en même temps.

Guy, surpris que Raymond soit au courant du dossier dans ses moindres détails, lui répondit : « Qui t'a dit ça ? » Mais Raymond lui répliqua que ses sources étaient fiables. Le plus naturellement du monde, Guy lui expliqua clairement la situation :

« Écoute, Bertrand, je ne suis presque jamais au bureau, mais le plus souvent sur la route. J'ai suggéré à Corey de me nommer officiellement "ambassadeur" du club pour 75 000 $ par année. Mais si je travaille en plus pour Molson, il n'a qu'à demander à la direction de la brasserie de me payer également 75 000 $ de plus de leur côté, ce qui me donnerait un salaire de 150 000 $. Je trouve ça tout à fait raisonnable et normal.

« Corey me répète sans cesse qu'il ne peut se permettre de payer un "employé de bureau" plus que 75 000 $ par année. Je lui ai simplement répondu que je n'avais rien contre le fait de travailler dans un bureau et de faire toutes les heures qu'il me demandait pour 75 000 $, mais que je ne voulais pas représenter "deux" compagnies différentes à la fois, comme Molson et les Canadiens, pour un salaire de 75 000 $ par année ! »

Comme cadre, Guy croyait honnêtement qu'il était temps que l'organisation lui paie un salaire qui compenserait l'argent qu'elle ne lui avait pas versé au cours de ses six premières saisons.

Conséquence de cet entretien avec le journaliste, le matin de notre première journée de tournage, on pouvait lire à la une du *Journal de Montréal*, et à l'insu de Bertrand Raymond, le titre choisi par le rédacteur en chef : « Guy Lafleur ne veut pas être payé comme un commis de bureau ! » Je me suis empressé de faire lire l'article à Guy. Et je vous assure qu'on s'attendait au pire.

Vers midi, la secrétaire du complexe Les 4 Glaces arrive en courant sur la patinoire pour me dire que Ronald Corey voulait parler à Guy et qu'il voulait absolument le voir « le jour même ». Guy rappela pour lui dire qu'il passerait en fin de journée.

En arrivant au Forum vers 16 h, Guy voulut passer par son bureau avant de rencontrer Corey qui était déjà en réunion, mais la porte était verrouillée et la secrétaire l'informa que Corey avait interdit de l'ouvrir. Quelques minutes plus tard, cinq ou six personnes sortirent du bureau de Corey, dont Lemaire et Corey lui-même. L'atmosphère était glaciale.

Sans jamais lui demander si la une ou l'article du *Journal de Montréal* relatait la vérité, sans exiger la moindre explication sur l'incident, un peu comme s'il en attendait l'occasion, Corey, celui dont Guy avait refusé la proposition d'être son agent d'affaires du temps des Remparts, s'est approché de Guy froidement et lui a remis une lettre en disant : « Guy, tu es démis de tes fonctions. C'est terminé pour toi. L'annonce de la nouvelle sera faite par Telbec en soirée, et ce serait mieux si tu remettais ta démission toi-même avec cette lettre. Lorsque Guy lui dit qu'il allait à son bureau pour ramasser ses effets personnels, Corey lui dit : « Tu n'as pas à t'occuper de ton bureau. Nous t'enverrons tes boîtes à la maison. »

Guy venait alors de réaliser que sa relation avec les Canadiens était bel et bien terminée. Il était brisé, dévasté. Ce fut le moment le plus triste de sa vie, mais en même temps il se sentait libéré. Tout allait trop vite… Il appela aussitôt Lise afin de la rassurer avant que les médias s'emparent de l'événement, puis il me téléphona. En quelques minutes, la nouvelle se répandit comme une traînée de poudre et était déjà diffusée partout.

......................................................................

Il était brisé, dévasté.
Ce fut le moment le plus triste de sa vie,
mais en même temps il se sentait libéré.

......................................................................

Il n'a jamais oublié ces instants douloureux, et il ne les oubliera jamais !

Le lendemain, il revint aux 4 Glaces pour poursuivre notre tournage. Comme nous l'avions tous deux prévu, une cinquantaine de journalistes attendaient Guy. Nous avons décidé d'interrompre la production durant quelques heures afin qu'il puisse s'expliquer aux journalistes.

## CROIRE EN SOI – UN BUT DANS LA VIE

Puis, les semaines et les mois passèrent. Guy se concentra surtout sur sa famille, et Mark, son petit dernier.

Pour se garder en forme, il jouait avec l'équipe des Anciens Canadiens de Petro-Canada, dirigée par Gilles Lupien et Tom Lapointe, au profit d'œuvres de bienfaisance de différents organismes locaux, et d'un fonds d'aide aux ex-joueurs qui ont eu moins de chance au cours de leur carrière. Il participait aussi à plusieurs matchs d'exhibition aux quatre coins du Canada en compagnie de Steve Shutt et d'anciens joueurs. Ces matchs le rendaient souvent nostalgique. Il était de plus en plus convaincu qu'on l'avait « poussé », malgré lui, à se retirer trop jeune. Il ne se sentait pas du tout comme un retraité.

............................................................................................

> Il était de plus en plus convaincu qu'on l'avait
> « poussé », malgré lui,
> à se retirer trop jeune.

............................................................................................

Sa carrière avait été glorieuse, mais sa « sortie », cette fausse retraite, avait été une défaite, sa pire à ce jour.

Pendant les quatre années qui suivirent, nous avons publicisé notre vidéo de hockey et nous avons pondu un tas de projets et de promotions. Avec un de nos bons amis, le réalisateur Laurent Larouche, nous avons même conçu, produit et vendu à TVA un projet pilote de quiz télévisé sur les sports, animé par Guy Lafleur et Chantale Roy, jumelé à un jeu de société du même nom, *Les Prodiges du sport*.

Puis nous avons mis sur pied le premier Omnium de golf Guy Lafleur au bénéfice de Leucan, où se réunissaient des personnalités des médias, des artistes, des athlètes et des gens d'affaires. Chaque année, nous finissions la journée du tournoi par un souper-spectacle avec une vingtaine de musiciens. Je me rappelle qu'une année nous avons présenté André-Philippe Gagnon, et l'année suivante, le chanteur de charme Al Martino.

Steve Shutt et André-Philippe Gagnon ne rataient presque jamais notre rendez-vous annuel au bénéfice de Leucan pour les enfants. Chaque année, notre omnium se déroulait sur différents terrains de golf.

Guy ne manque jamais une occasion de rigoler. Cette année-là, il était
particulièrement heureux qu'Al Martino ait accepté notre invitation
à se produire en spectacle dans le cadre de notre tournoi de golf.

Nos invités aimaient bien cet événement. Guy avait choisi
d'en verser les profits à l'organisme Leucan, parce qu'il s'était lié
d'amitié avec le petit Charles Bruneau qu'il qualifiait de «p'tit bonhomme tenace et courageux». Ce rendez-vous annuel de juillet,
que nous préparions chaque année une dizaine de mois à l'avance
avec notre comité, lui tenait vraiment à cœur, et lui permettait de
poursuivre son engagement humanitaire. Cet omnium dura le
temps de plus ou moins cinq éditions.

Fait déplorable, depuis son départ du deuxième étage du Forum,
les commanditaires se faisaient rares et d'importants vice-prési-
dents au marketing, collés sur les Canadiens, ne voulaient plus
trop s'engager avec Guy, de peur de se mettre à dos Corey et sa
direction. Quand Guy participait aux réunions, ils étaient heureux
de le rencontrer, mais quand venait le temps de signer une entente
de projets, ils déclinaient l'offre sous toutes sortes de prétextes.

Moi, je voyais les choses différemment. Je savais qu'il passait de très durs moments, mais j'étais persuadé qu'il était encore un «gagnant», un homme de défis qui pouvait réussir tant de choses. Je savais surtout que le hockey, c'était toute sa vie.

> Je savais qu'il passait de très durs moments, mais j'étais persuadé qu'il était encore un «gagnant», un homme de défis qui pouvait réussir tant de choses.

De plus, partout où nous allions ensemble, les gens de tout âge lui disaient: «Guy, tu devrais encore jouer…Tu es trop jeune pour être à la retraite.» D'un ton en apparence déterminé, Flower leur répétait tout le temps qu'il avait tourné la page définitivement, que c'était terminé et qu'il était heureux dans sa nouvelle vie, loin de l'action.

Mais moi, je n'y croyais pas. J'étais persuadé que Guy essayait de se convaincre lui-même. La vérité, c'est qu'il s'ennuyait de jouer au hockey et qu'il n'avait pas eu la chance de se retirer en beauté, comme le rêve tout grand athlète.

En 1986, notre ami Richard Morency, qui était directeur des sports de la station radiophonique CKAC, conscient du magnétisme de Guy auprès du public, l'intéressa au monde de la radio et l'engagea pour seconder Pierre Bouchard et Danielle Rainville, dans le cadre de l'émission *Les Amateurs de sports*. Morency savait que le peuple l'aimait toujours autant, et cette merveilleuse idée lui donna un véritable regain de vie. Morency dira de lui: «C'est un vrai pro. Il comprend très bien son travail, car il a travaillé pendant toute sa carrière avec les journalistes.»

En 1987, Guy tente un rapprochement avec le Canadien. Corey lui répond carrément que son poste a été aboli et qu'il ne peut pas le reprendre.

# PÉRIODE DE PROLONGATION

Voilà une image de Guy que j'ai toujours aimée. Son regard intense, passionné,
mais aussi sensible et sincère, exprime vraiment ce que Phil Esposito lui avait dit
dans son bureau lors de notre première rencontre au Garden :
« Les yeux sont le reflet de l'âme. »

Quand nous en
avons l'occasion,
Lise, Chantale, mon
épouse, Guy et moi-
même, nous aimons
nous retrouver
calmement entre
amis pour un bon
souper,
loin de l'action
et des obligations
quotidiennes.

Moi-même, Guy, Pierre Plouffe, notre
ami qui avait aidé Guy à « voler » la
coupe Stanley à la suite de la victoire
de 1979 et Yvon Lambert, nous en
avons ri un bon coup quand Plouffe,
lors d'une soirée-hommage à Guy, il y
a quelques années, en a profité pour
nous rappeler l'événement.

Jean Béliveau, l'un des plus grands hockeyeurs
de l'histoire, fut plus qu'un patron exceptionnel
pour moi à ma sortie de l'Université McGill,
et pendant mes trois années chez le Canadien.
Il fut aussi un ami. Il a toujours su me donner
de précieux conseils, que j'ai mis en pratique,
non seulement au cours de ma carrière,
mais aussi dans ma vie.

En 2003, Guy et moi avions le plaisir de
mettre sur le marché un DVD en hommage
à la carrière de Guy, avec la collaboration
de deux de nos amis, Bill Rotari de Sony
et Guy V. Robillard, le réalisateur
de ce document-souvenir.

Depuis sa véritable retraite, Guy vit une autre passion. Il détient maintenant son permis de pilote et adore prendre quelques heures pour voler, et du même coup retrouver un peu de sa quiétude.

Il y a quelques années, Guy fut nommé colonel honoraire du 12e Escadron de radar, pour l'armée canadienne, puis colonel de la 3e Escadre de la base de Bagotville, ce qui lui a également donné la chance d'essayer un avion F-18. À quelques occasions, il était heureux d'aller encourager et distraire les soldats en Afghanistan.

Dans le cadre d'un match de la Classique Héritage de la LNH, le 22 novembre 2003,
au Commonwealth Stadium d'Edmonton, Guy Lafleur, avec les superstars des années
1970 et Wayne Gretzky, avec celles des années 1980, croisèrent le fer d'une façon
mémorable, sur une glace extérieure et par une température avoisinant

les −30 °C, devant une foule de 57 167 spectateurs. Les joueurs vêtus
de leur tuque nous rappelaient nos hivers d'antan et le hockey de notre jeunesse,
alors qu'il fallait passer le grattoir avant de jouer.

En plus de l'hélicoptère, le capitaine Guy Lafleur
et Lise adorent prendre leurs vacances
sur leur bateau, *Ocean's 10*.

Avec Mark

Avec Martin

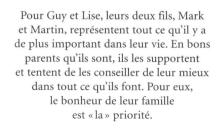

Pour Guy et Lise, leurs deux fils, Mark et Martin, représentent tout ce qu'il y a de plus important dans leur vie. En bons parents qu'ils sont, ils les supportent et tentent de les conseiller de leur mieux dans tout ce qu'ils font. Pour eux, le bonheur de leur famille est « la » priorité.

Lucie, sœur de Guy, Pierrette, leur maman, Lise, Suzanne et Gisèle, ses trois autres sœurs ont toujours été de grandes admiratrices de leur frérot. Elles allaient l'encourager aussi souvent qu'elles le pouvaient, ce que Guy a toujours apprécié. À l'exception du père de Guy, Réjean, toujours vivant dans leurs mémoires, elles sont réunies ici en famille autour du trophée Hart, le Ted Lindsay, la coupe Stanley et le Art Ross, que Guy a remportés à quelques reprises au cours de son impressionnante carrière.

Le bronze à l'effigie de Guy Lafleur, qui fut dévoilé le 13 septembre 2013, devant l'hôtel de ville de Thurso, scintillera à tout jamais!

## LA VISION

**Un soir de mai 1988,** Guy et moi, après une mise à jour de notre tournoi de golf pour Leucan qui aurait lieu le 13 juillet suivant à Montebello, nous nous étions installés confortablement devant la télévision pour regarder un match des séries éliminatoires opposant Gretzky et ses Oilers aux Bruins. Nous étions concentrés sur le jeu quand soudain Guy s'exclama : « Yves, ne me dis pas que je ne serais pas capable de jouer encore contre ces gars-là… Je peux patiner aussi vite qu'eux ! »

Il venait de me confirmer tout haut ce que j'avais toujours pensé tout bas. Depuis quatre ans, il était à l'écart dans son salon, alors qu'il aurait dû être sur la glace.

Puis le 9 août 1988, survenait une nouvelle surprenante, la nouvelle de l'heure dans le sport professionnel… Tom Lapointe annonçait à la une du *Journal de Montréal* que Wayne Gretzky, nouvellement marié à une jeune actrice de Hollywood, venait d'être échangé aux Kings de Los Angeles. En plus d'un faramineux contrat, Bruce McNall, le propriétaire, lui aurait soi-disant donné 10 % des actions de l'équipe.

Tom mentionnait aussi que McNall aurait offert un contrat à Mike Bossy, qui avait pris sa retraite des Islanders de New York, en 1987, en raison de maux de dos. Cette dernière nouvelle sur Bossy me laissa perplexe…

Or, le lendemain matin, en me rasant, une idée me vint en tête. Je me suis d'abord dit : *Si McNall a offert un contrat à Bossy qui a mal au dos… pourquoi Guy, qui est en pleine forme physique, n'effectuerait-il pas un retour ? Il pourrait ensuite sortir du hockey professionnel par la grande porte, l'esprit tranquille…*

Puis, j'ai aussitôt imaginé la une du *Sports Illustrated* américain avec Gretzky au centre, Luc Robitaille, la vedette de l'heure chez les Kings, à l'aile gauche et… Guy, à l'aile droite.

........................................................................................

Gretzky au centre, Luc Robitaille, la vedette de l'heure chez les Kings, à l'aile gauche et… Guy, à l'aile droite.

........................................................................................

Je me suis également dit : *Quelle belle opportunité de marketing ce serait pour McNall et la LNH qui veulent commercialiser le hockey aux États-Unis ! Quel impact majeur un tel trio créerait partout dans le monde du hockey ! L'arrivée de Wayne Gretzky… le retour de Guy Lafleur… et tout cela dans la ville des stars internationales !*

Était-ce une idée farfelue ? Quelle serait la réaction du public ? Devrais-je en parler à Guy avant ? Ou faire les premières démarches et le placer devant le fait accompli, une fois les contacts établis ? Autant de questions qui me trottaient dans la tête, auxquelles je tentai de répondre pendant une bonne semaine.

Le jeudi 11 août, juste avant une séance de photos chez Denis Brodeur, Guy et moi avions décidé de dîner ensemble au restaurant Ladora sur la rue Sherbrooke, à Montréal. Les deux propriétaires, Ron et son fils Gary, des sportifs, étaient des amis et on s'y rencontrait souvent pour nos affaires. Pendant ce repas, je ne lui ai même pas glissé un mot sur mon idée d'un retour. Rien. On parlait simplement de notre omnium de golf qui arrivait à grands pas, sans plus.

## FONCER – ÉLIMINER LA PROCRASTINATION

Le matin du vendredi 12 août 1988, je me suis levé. C'était tout réfléchi. J'étais décidé. J'allais d'abord établir les premiers contacts, tâter le terrain pour ensuite, mais seulement ensuite, appeler Guy et lui proposer de revenir au jeu, me disant que le pire scénario pouvait être un refus de sa part.

Je suis arrivé à mon bureau en informant ma secrétaire que je ne voulais pas être dérangé. C'était une affaire sérieuse, pour ne pas dire internationale, et je ne voulais surtout pas rater mon approche. Je devais préparer ma stratégie avant de parler au propriétaire des Kings.

À midi, donc 9 heures à Los Angeles, je demandais à parler à Bruce McNall. Il était absent et son vice-président me répondit. Je lui dis qu'il fallait absolument que M. McNall ou Rogatien Vachon me rappelle, que c'était urgent, car il s'agissait de Guy Lafleur. Trente minutes plus tard, Rogatien, alors directeur-gérant, me rappela.

« Bonjour, Yves, tu m'as appelé ?

— Écoute, Rogatien, Guy fait un retour au jeu. Il a pris sa retraite beaucoup trop jeune et il a encore beaucoup à donner. Je l'ai imaginé avec Luc et Wayne sur le même trio, à la une du *Sports Illustrated*. Te rends-tu compte, Rogatien, à quel point la présence de Guy pourrait motiver tes jeunes joueurs et comment ça aiderait à populariser le hockey aux États-Unis !

— Est-il en forme ?

— Il n'a jamais été aussi en forme… Il pèse même trois kilos de moins que son poids normal. Et surtout, il a le goût de jouer comme jamais.

— OK. Ça pourrait m'intéresser. Laisse-moi parler à Bruce et à Wayne, et je te rappelle dans la journée.

— Rogatien, promets-moi de n'en parler à personne d'autre qu'aux gens de ta direction. Il faut que ça reste entre nous.

— Je te le promets. Je te téléphone aujourd'hui sans faute. »

## L'ENTHOUSIASME CONTAGIEUX

À 12 h 30, sachant maintenant qu'il y avait une ouverture du côté de Los Angeles, je me suis dit que j'étais mieux d'en parler tout de suite à Guy, avant que le dossier n'aille trop loin. Lise et lui étaient alors à leur maison de Mont-Tremblant.

« Bonjour, Guy. Ça va ?

— Oui… Et toi ?

— Très bien. Écoute-moi bien. Veux-tu faire un retour au jeu ?

— Quoi ?

— Veux-tu faire un retour au jeu ?

— Pourquoi tu me demandes ça ? Ça fait quatre ans que je n'ai pas joué.

— J'ai appelé Vachon à Los Angeles. Il semble intéressé. Il en parle avec Wayne et McNall. Et il m'a promis de me rappeler aujourd'hui.

— Mais, Yves, es-tu tombé sur la tête ? Aucune équipe de la Ligue nationale ne voudra de moi… C'est complètement insensé.

— Non, Guy. Ça fait quatre ans qu'ils t'ont forcé à accrocher tes patins, et ça fait quatre ans que tu essaies de te convaincre que c'est fini. T'es encore trop jeune pour être à la retraite. Tu sais très bien que tu peux encore jouer dans la Ligue nationale. Tu me l'as dit toi-même l'autre jour quand nous regardions les séries. Guy, la pire chose dans la vie, c'est de vieillir en se disant un jour : *J'aurais dû !*

> Guy, la pire chose dans la vie, c'est de vieillir en
> se disant un jour : *J'aurais dû !*

— Yves, laisse-moi 10 minutes et j'te rappelle. »

Quelques minutes plus tard, mon téléphone sonne :

« Je viens d'en parler avec Lise. Oui, je fais un retour. On soupe ensemble demain soir et on décide des clubs à approcher... Au lieu d'en appeler juste un, on va en contacter cinq ou six. Entre-temps, rappelle-moi quand Vachon t'aura parlé. »

Guy m'avait donné le feu vert. Le compte à rebours était officiellement déclenché !

J'attendis l'appel de Rogatien jusqu'à 20 h (17 h à Los Angeles). Rien.

Le samedi soir, tel que convenu, Guy et moi mangions ensemble.

J'ai commencé par lui demander s'il était bien certain de sa décision de revenir au jeu. « Guy, si on se rend à la fin de cette aventure, tu gagneras d'une manière ou d'une autre. Si tu réussis à te faire une place avec une équipe, ce qui marchera selon moi, tu te seras prouvé à toi-même que tu étais encore capable de jouer. Sinon, les gens t'apprécieront pour les efforts que tu y auras mis et pour avoir au moins essayé. Dans les deux cas, tu en sortiras grandi et plus serein. Et pour tous, tu seras l'exemple parfait de la détermination et du courage. »

> Et pour tous, tu seras l'exemple parfait de la
> détermination et du courage.

## LE POUVOIR DE L'INTENTION

Il me rétorqua à trois occasions : « Yves, tu viens de me donner le coup de pied dont j'avais besoin. Et Lise me suit… Je te promets qu'on ira jusqu'au bout. Moi aussi, je pense qu'on va réussir. Et j'en aurai enfin le cœur net. »

> Tu viens de me donner le coup de pied
> dont j'avais besoin.
> Et Lise me suit… Je te promets
> qu'on ira jusqu'au bout.

Nous avons ensuite analysé les équipes à approcher, au cas où Rogatien Vachon déclinerait l'offre.

Il y en avait quatre autres : les Rangers de New York avec Michel Bergeron, les Penguins de Pittsburgh avec Mario Lemieux qui connaissait ses meilleures années, et les Red Wings de Detroit avec Jacques Demers. Guy voulait aussi que je sonde le terrain avec les Nordiques. Je lui ai promis que j'appellerais Martin Madden, mais en lui précisant que je trouvais que la pression des médias serait encore plus forte à Québec, surtout après quatre années de retraite, et qu'à mon avis, c'était probablement mieux de revenir avec une équipe à l'extérieur du Québec.

Le lundi 16 août, j'attendais toujours une réponse de Vachon, mais le téléphone demeurait muet.

Le mardi, à 8 h 30, j'appelais Michel Bergeron à Rye, une banlieue de New York, où s'entraînaient les Rangers. Comme je vous l'ai mentionné plus tôt, j'avais connu Michel dans les années 1970 alors que je gagnais mes études universitaires en travaillant comme journaliste sportif au *Dimanche-Matin*. Il dirigeait alors les Draveurs de Trois-Rivières et, tous les samedis matin, je devais l'interviewer…

Même si j'avais perdu de vue Michel Bergeron depuis plusieurs années,
lorsque je l'ai contacté pour lui demander s'il était intéressé aux services de Guy,
Michel n'avait pas changé. D'un naturel incroyable, il m'invita spontanément
à jouer au golf, mais il a plutôt décidé d'organiser une conférence téléphonique
quand je lui ai appris l'enjeu de mon appel!

« Bonjour Michel. C'est Yves Tremblay.

— Salut Yves. Es-tu à New York ?

— Non. Je t'appelle de Montréal. Écoute, Guy Lafleur fait un
retour au jeu et j'appelle différentes organisations. Mais, je suis
honnête avec toi, Michel, on aimerait beaucoup que ça se fasse
avec toi. Veux-tu avoir Guy dans ton équipe ?

— Quoi ? Donne-moi deux minutes, je prends un café et une
cigarette, et je m'assois… OK. Je suis revenu. Raconte-moi ça.

— Écoute… Il est en pleine forme. Il a trois kilos de moins
que son poids normal. Il est reposé. Il est serein et il a encore le
feu sacré. Il veut montrer qu'il peut toujours jouer. Le hockey, c'est

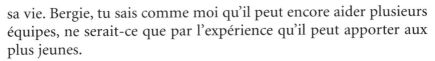

sa vie. Bergie, tu sais comme moi qu'il peut encore aider plusieurs équipes, ne serait-ce que par l'expérience qu'il peut apporter aux plus jeunes.

Il est serein et il a encore le feu sacré.
Le hockey, c'est sa vie.

— Yves... Je n'en reviens pas... Crois-le ou non, il y a plusieurs années, un matin dans mon bureau, j'avais dressé sur un tableau, pour le fun, la liste des joueurs de mon équipe de rêve. Et Guy était le premier sur cette liste. Je rêvais de coacher Guy un jour... Et aujourd'hui, tu m'appelles à New York et tu m'offres Guy Lafleur après quatre ans de retraite... Je te le répète... Je n'en reviens pas. C'est certain que ça m'intéresse. En plus, ce serait motivant pour mes jeunes. Laisse-moi parler à Joe Bocchino, notre vice-président, et à Phil Esposito. Arrange-toi pour avoir Guy à ton bureau pour 11 h, on va faire une réunion par téléphone tous ensemble.»

Je rêvais de coacher Guy un jour…
Et aujourd'hui, tu m'offres Guy Lafleur après
quatre ans de retraite…

J'ai tout de suite téléphoné à Guy pour lui dire de venir à l'heure prévue. Homme de parole, Bergeron nous appela à 11 heures précises avec Phil Esposito sur l'autre ligne, en conférence téléphonique. Après 30 minutes de conversation, Phil nous dit qu'il voulait absolument nous voir deux jours plus tard, le jeudi 18 août, à New York, à 10 heures précisément, à l'hôtel Plaza, juste en face du Madison Square Garden. Il ne voulait surtout pas que quiconque du Garden aperçoive Guy et active la machine à rumeurs.

En raccrochant, j'ai suggéré à Guy d'inviter Georges Guilbault de Hockey Sherwood à venir avec nous, au cas où Esposito nous proposerait un contrat sur les lieux. Georges était familier avec les contrats de la LNH et pouvait nous faire gagner beaucoup de temps. Surpris, mais heureux de nos démarches, il accepta aussitôt.

La même journée, en après-midi, à ma grande surprise, un journaliste du *Los Angeles Times*, Jerry Crowe, m'appela pour me demander de lui confirmer la rumeur du retour au jeu de Guy Lafleur. Mais il ne voulait pas me révéler ses sources. J'ai su par la suite que quelqu'un du bureau de Rogatien Vachon avait trop parlé. Je lui répondis que nous y pensions, et que nous négociions avec plusieurs équipes.

Quelques heures plus tard, Vachon m'appela finalement, pour me dire qu'il souhaitait bonne chance à Guy, mais qu'il déclinait l'offre. Ils avaient d'autres plans pour les Kings. Nous étions plus ou moins surpris de sa réponse, Vachon étant un ami de Serge Savard.

Entre-temps, je continuais mes appels.

Je réussis à rejoindre Jacques Demers à Detroit. Il me répondit que la direction des Red Wings préférait développer leurs jeunes talents comme Steve Yserman. Mais il me dit qu'il était heureux pour Guy. Puis, le 17 août, en parlant de Guy, Demers souligna respectueusement à Bertrand Raymond : « La réponse qu'il cherche, il ne l'obtiendra jamais au bout de quatre ans. Il ne se rend pas justice en tentant pareille démarche. S'il avait vraiment voulu savoir s'il s'est retiré trop tôt, il aurait dû le vérifier un an après sa retraite. »

Il fallait aussi que j'appelle Pittsburgh. J'avais décidé d'en parler d'abord à Mario Lemieux. En passant par sa mère, Pierrette, j'arriverais sûrement à savoir comment le rejoindre. C'est une maman souriante et accueillante qui me répondit. « Bonjour, madame Lemieux, on ne se connaît pas vraiment, mais je représente Guy Lafleur. Je vous annonce confidentiellement que Guy fait un retour au jeu et j'aimerais en discuter avec Mario. Comment puis-je le rejoindre?»

Excitée et heureuse de la nouvelle, elle me dit gentiment: «Yves, tu imagines, mon Mario avec son idole Guy Lafleur, sur la même ligne. Ce serait merveilleux! Il est dans un tournoi de golf à Joliette.»

Je réussis à le joindre par téléphone. Surpris, mais tout de suite convaincu de ce que les qualités de leader et l'expérience de Guy pourraient apporter non seulement sur la glace et dans le vestiaire des Penguins, mais aussi sur le plan marketing, sa réaction fut immédiate:

«Yves, c'est fantastique. J'adorerais jouer avec Guy. Je le pense encore capable de 20 à 30 buts. Les Penguins sont sûrement intéressés. Nous avons besoin d'un vétéran de sa trempe pour inspirer les jeunes. J'appelle Tony Esposito le plus vite possible, je lui en parle et je lui demande de t'appeler aujourd'hui même.»

Comme promis, Tony m'appela et, à ma grande déception, tout ce qu'il trouva à demander fut: «Yves, j'aime l'idée, mais combien veut-il?» Je lui ai tout de suite répondu: «Écoute, Tony, si tu es intéressé, ça nous fera plaisir d'aller te rencontrer. Mais une chose est certaine, nous ne parlerons pas d'argent comme ça au téléphone. Le dossier est trop important. Tu peux y réfléchir et nous rappeler, si Guy t'intéresse.»

Sur le coup, je n'ai pas apprécié sa façon de négocier et de me parler aussi vite d'argent, au téléphone, contrairement à son frère Phil qui, lui, avait très bien compris qu'il s'agissait du retour d'un grand athlète et qu'une rencontre était nécessaire. Tony n'a jamais daigné nous rappeler. D'ailleurs, par la suite, Mario avoua aux journalistes qu'il était déçu de l'attitude de son directeur-gérant dans le dossier de Guy et de son manque d'implication.

Juste avant que nous contactions Madden des Nordiques, ce dernier déclara à Jean-Paul Sarault du *Journal de Montréal*: «Je suis persuadé qu'il ne voudrait pas revivre les moments de tension qu'il a subis à Montréal… Personnellement, j'ai d'autres chats à fouetter.» Nous avons aussitôt retiré le nom des Nordiques de notre liste.

En vérité, Guy et moi n'avions plus la tête qu'à New York. Nous avions le feeling que ça marcherait. Nous ne pensions qu'à la rencontre du jeudi suivant.

Puis, vers 16 h, ma secrétaire m'annonce que Réjean Tremblay de *La Presse* était au téléphone et voulait absolument me parler. C'était urgent. Je pris l'appel. Il me dit qu'un journaliste de Los Angeles l'avait appelé, et me demanda: «Yves, est-ce vrai que Guy veut faire un retour au jeu?» Je lui répondis d'attendre un instant. J'ai appelé Guy sur l'autre ligne: «Flower, j'ai Réjean Tremblay au téléphone. Il est au courant. Peux-tu être au bureau pour 17 h? Je pense qu'on devrait lui donner l'heure juste avant que les rumeurs aillent trop loin et soient annoncées de travers à cause de la fuite chez les Kings.» Guy était d'accord.

Tremblay arriva au bureau vers 16 h 30. Guy et moi lui avons tout raconté en lui demandant de ne pas parler du meeting qu'on aurait dans quelques jours à New York et en lui promettant de l'informer davantage à notre retour. Guy lui parla avec son cœur: «Je suis convaincu que je suis encore bon pour deux ou trois ans, et je vais le prouver.»

Le lendemain matin, le mercredi 17 août, la nouvelle faisait la une de *La Presse*.

«GUY LAFLEUR REVIENT AU JEU…
Il pourrait rejoindre Gretzky à Los Angeles»

Inutile de vous dire que ce titre eut l'effet d'une bombe.

À sa façon, chacun sortait sa théorie.

Des sceptiques, il y en avait. Par exemple, alors que notre rencontre avec Bergeron et Esposito était déjà fixée au lendemain 18 août, dans l'édition du 17 août 1988 du *Journal de Montréal*,

Jacques Beauchamp écrivit: «JE NE CROIS PAS AU RETOUR DE LAFLEUR. Même s'il était un joueur surdoué, je considère que Lafleur est un joueur fini... »

Jacques Lemaire, pour sa part, a joué franc-jeu avec les journalistes, dont Ronald King de *La Presse*: «À 37 ans... après trois années d'absence... c'est toujours possible, mais il faudrait que l'individu soit assez spécial. Il faudrait un athlète qui a toujours gardé une superforme... C'est possible, mais ça sera très dur pour Guy. »

Par contre, d'autres y croyaient sincèrement. Gilbert Perreault dit à *La Presse*: «S'il pense être capable, s'il a encore les réflexes, la bonne condition pour la mettre dedans, pourquoi pas! Il a été un vrai grand joueur, célèbre, et il peut aussi aider le marketing d'un club. »

C'était la folie. Mon bureau était littéralement transformé en salle de presse. On appelait de partout en Amérique du Nord. Hebdos et quotidiens, radios et télés, tout le monde arrivait avec micros et caméras. Les médias ne parlaient que de ça. Guy étant parti en Abitibi pour une école de hockey, j'ai dû confirmer la nouvelle de vive voix à tout le monde, mais sans parler de New York. Le tout se résumait à: «Oui, c'est vrai. Guy veut faire un retour au jeu. On a déjà quelques propositions sur la table et on va prendre le temps de bien les étudier. »

Et le jeudi 18 août, Guilbault, Guy et moi prenions l'avion vers 8 h à destination du Big Apple. À 10 h, Phil et Michel arrivèrent au restaurant du Plaza.

## LA FRANCHISE – LA PASSION

Dès le début du déjeuner, on ressentait les énergies positives autour de la table. Phil et Guy s'étaient toujours respectés mutuellement du temps qu'ils jouaient l'un contre l'autre, et ce respect était toujours vivant. Ils avaient même joué ensemble à l'époque d'Équipe Canada contre les Russes. Il le trouva d'abord en très grande forme pour un gars à la retraite depuis 4 ans. Puis, se rappelant qu'il avait lui-même compté 42 buts à l'âge de 38 ans, Phil commença par lui dire qu'il le comprenait vraiment et qu'effectivement, il avait accroché ses patins beaucoup trop jeune, pour un si grand talent.

«Guy, des talents comme le tien, on en trouve rarement. Tu n'aurais jamais dû te retirer si jeune. Mon père m'a toujours dit que les yeux sont le reflet de l'âme. Ça fait une heure qu'on se parle et je vois dans les tiens cette intensité, ce désir, ce feu sacré du champion que j'espérais retrouver en toi quand je t'ai demandé de venir ici aujourd'hui. Rendons-nous au Garden à mon bureau et nous allons parler sérieusement.»

Les yeux sont le reflet de l'âme et je vois
dans les tiens cette intensité,
ce désir, ce feu sacré du champion.

Quelques minutes plus tard, une fois dans son bureau, Phil nous dit: «C'est tout un problème pour moi. Quel genre de contrat doit-on donner à une ancienne superstar qui revient après quatre années de retraite? Je n'ai jamais vu ça de toute ma vie. Dis-moi, Guy, si tu étais à ma place et si je te demandais de me donner une chance, que dirais-tu?» Guy lui répondit promptement: «Je te donnerais la chance d'essayer parce que j'aurais tout à gagner!» Phil a éclaté de rire, lui a serré la main en disant: «C'est un *deal*!»

Puis, il ajouta: «Je dois appeler tout de suite Serge Savard pour savoir si tu es bien agent libre et si je peux te faire une offre.»

## FAIRE LA PAIX AVEC LE PASSÉ POUR MIEUX ENTREPRENDRE L'AVENIR

Serge avait déjà déclaré au *Journal de Montréal* : « Étant donné qu'il a signé le formulaire de retraite volontaire, il appartient toujours au Canadien. Son nom apparaît encore sur nos listes, tout comme celui de Jean Béliveau d'ailleurs. Les équipes intéressées aux services de Lafleur devront donc nous demander la permission avant de négocier avec lui. Guy doit être, avant toute chose, libéré … Nous ne mettrons pas les bâtons dans les roues d'aucune équipe. »

Donc, nous faisant signe de rester silencieux, Phil mit son appareil sur mains libres, comme s'il voulait qu'on soit témoins de la conversation, et il dit à Savard :

« Écoute, Serge… Est-ce que Guy Lafleur est libre ? J'aimerais lui faire une offre comme joueur autonome. »

Serge de répondre : « Pourquoi veux-tu le signer ? Ce n'est plus le même joueur, mais il ne veut pas se l'avouer. »

Phil : « Ce n'est pas ça que je veux savoir… Il est prêt à revenir au jeu, ça m'intéresse et je veux savoir si tu vas t'y opposer. »

Serge : « Non. Je ne m'y opposerai pas. Tu peux faire ce que tu veux avec lui. Il a son *release*. »

En remerciant Savard, Phil raccrocha et dit à Guy :

« Voilà, c'est fait. Tu es libre comme l'air. Écoute, Guy, maintenant, va visiter Rye avec Michel, l'endroit où il demeure et où notre équipe s'entraîne. Essaie de te familiariser avec le coin pendant la journée pour voir si tu aimerais ce genre de vie. Ici, c'est New York et c'est totalement différent d'ailleurs. Si oui, je suis prêt à t'offrir un contrat à la condition que tu réussisses notre camp d'entraînement qui se tiendra cette année à Trois-Rivières, là où Bergie coachait dans le junior. Tu seras traité comme une recrue, comme un junior. Tu devras gagner ta place avec les Rangers. Tu as trois semaines seulement pour te remettre en forme et je veux voir ce que tu as encore dans le ventre. Je suis sûr que tu peux y arriver. Tu as ma parole que si tu m'impressionnes au camp, je te signerai un contrat sur-le-champ.»

Phil savait très bien que l'arrivée d'un Guy Lafleur apporterait un nouveau souffle à son équipe qui n'allait nulle part, et attirerait l'attention et le respect de toute la Ligue nationale. La foule du Madison Square Garden serait survoltée et retrouverait la passion du hockey. Les Rangers feraient à nouveau parler d'eux.

## LA DISCIPLINE ET LE TRAVAIL

Guy, sur un ton décidé, lui répondit: «Pas de problème. C'est parfait pour moi, Phil. On va aller visiter les lieux avec Michel, mais je te le confirme tout de suite, je relève ton défi. Je ne suis pas venu ici pour rien. Je commence l'entraînement lundi et on se reverra à Trois-Rivières.»

Nous sommes allés visiter les installations des Rangers à Playland avec Bergeron, dans cette petite ville de Rye, en banlieue de New York, près de la mer, là où pratiquaient les Rangers. Et nous sommes revenus sur le vol de 9 h.

Dans l'avion, Guy se demandait comment il pourrait se remettre en forme en si peu de temps. Ma réponse était déjà toute prête, mûrement réfléchie depuis une semaine: «Guy, le meilleur entraînement pour un athlète est la boxe. Je pourrais appeler Georges Cherry, dès notre arrivée. Et je suis sûr qu'il se fera un honneur de t'entraîner! Puis, pour aiguiser tes réflexes au hockey et retrouver ton coup de patin rapidement, Gene Cloutier accepterait avec joie d'organiser deux équipes avec certains pros de la LNH qui jouent dans sa ligue d'été.»

Guy semblait rassuré: «Bonne idée. En arrivant à Montréal, on ira manger au Bocca d'Oro. On appelle Réjean Tremblay pour qu'il vienne nous y rejoindre et on lui annonce la nouvelle. Pendant ce temps, tu appelleras Cherry et Gene pour tout mettre sur pied.»

Le lendemain, *La Presse* annonçait officiellement le retour de Guy au camp d'entraînement des Rangers de New York.

Le lundi matin 22 août, pendant que j'appelais le vice-président à la programmation de TVA pour lui annoncer que notre quiz télévisé sur les sports n'allait pas voir le jour en raison du retour au jeu de Guy, ce dernier commença son entraînement au Club de boxe Champion dans Rosemont, vêtu d'une veste aux couleurs des Rangers. Georges Cherry l'avait confié à son meilleur entraîneur, Robert Beaulne, celui qui avait travaillé avec Mario Cusson, Deano Clavet et Luc Robitaille. Beaulne dira de lui : « Guy me surprend… Il m'impressionne par sa discipline et son sérieux. Il récupère très vite. »

« Il m'impressionne par sa discipline et son
sérieux. Il récupère très vite. »

Il s'entraînait trois rondes sur le sac de sable, puis sautait à la corde à danser, développait son endurance sur le vélo stationnaire, faisait de la boxe simulée, pour finir avec des redressements et des pompes. En après-midi, il était sur patins avec de jeunes recrues de la LNH et des joueurs de haut calibre à l'aréna Saint-Vincent-de-Paul de Laval. Un de mes amis, Claude Chagnon, un ex-joueur du Canadien junior du temps de Sam Pollock, avait réussi à le réserver seulement pour nous, sous portes closes, à l'abri des médias, pour le bien de la concentration de Guy.

Pendant trois semaines, chaque matin, c'était la routine. Guy et moi déjeunions vers 6 h. Il quittait pour rejoindre Cherry au gymnase vers 8 h et se conditionner physiquement pendant deux heures. Il prenait un bon dîner vers 11 h 30. Puis, il patinait de 14 h à 16 h avec les pros de Gene.

Malgré ses 37 ans, c'était une véritable leçon de vie de le voir s'entraîner avec tant de vigueur, à bout de souffle, repoussant toujours ses limites, et avec la même discipline que lorsqu'il jouait pee-wee.

C'était une véritable leçon de vie de le voir
s'entraîner avec tant de vigueur,
à bout de souffle, repoussant
toujours ses limites.

## SE DÉBARRASSER DE SES PEURS, DONT LA PEUR DE RÉUSSIR ET LA PEUR DE LA CRITIQUE

Pour le motiver à l'extrême, je lui faisais jouer le thème musical de *Rocky*. Michel Bergeron lui avait suggéré de se concentrer surtout à raffermir ses muscles, et à retrouver sa vitesse en patinant autant qu'il le pouvait. Il ne pensait plus qu'à ça… Pour reprendre une expression populaire, il avait «l'œil du tigre». Même Sylvester Stallone aurait été jaloux !

Il avait «l'œil du tigre».

Dans les médias, c'était le suspense… Lafleur réussira-t-il son retour ?

Plusieurs anciens coéquipiers lui souhaitaient bonne chance, mais sans trop y croire.

Une tentative de retour après quatre ans de retraite, c'était du jamais vu. Seul un phénomène de la nature comme Guy pouvait réussir un tel exploit. Comme le célèbre et regretté Doug Harvey lui dira plus tard en le félicitant pour son retour, lorsque Guy le visitera à l'hôpital : « Tu n'aurais jamais dû te retirer à 33 ans. Quand je te voyais jouer avec l'équipe de Petro-Canada, tu patinais mieux que tous les joueurs. Je n'ai pas compris ton geste ! »

Excité lui aussi, Bernard Geoffrion ne se gêna pas pour déclarer à Marcel Gaudette du *Journal de Montréal* : « Je suis bien fier pour Guy Lafleur et les Rangers, et il ne fait pas l'ombre d'un doute dans mon esprit qu'il fera l'équipe, même à 37 ans. Guy a toujours été un gars en bonne condition physique, et il a la force et le caractère pour effectuer un retour, même après 4 ans d'absence. Si j'ai pu inscrire 19 buts après une absence de 30 mois, Lafleur est capable, non seulement de jouer, mais de les aider, de les inspirer... Je dis bravo à Phil Esposito pour sa décision et bravo à Lafleur pour l'audace et le courage qu'il démontre... C'est dur, c'est très dur de revenir au jeu, mais ça en vaut la peine. C'est revalorisant. »

> Lafleur est capable, non seulement de jouer,
> mais de les aider, de les inspirer...

Steve Shutt, d'une nature toujours très positive, était du même avis et croyait que Guy en surprendrait plusieurs : « L'hiver dernier, nous avons affronté des équipes juniors et Guy était le plus rapide patineur sur la glace. »

Je me rappelle qu'après les deux premières semaines d'entraînement intensif, Guy me dit en déjeunant : « Crois-tu qu'on a pris la bonne décision ? » Je lui ai répété aussitôt ce que je lui avais dit au tout début de l'aventure : « Il ne faut surtout pas qu'un jour tu aies 80 ans et que tu te dises : *j'aurais dû !* » Sa réaction était normale. Il lisait les journaux et voyait qu'on était presque les seuls, avec Lise et ceux qu'on avait convaincus, à vouloir y croire. Mais jamais il n'a voulu abandonner. Au contraire, plus il

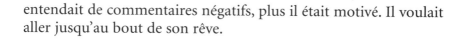

entendait de commentaires négatifs, plus il était motivé. Il voulait aller jusqu'au bout de son rêve.

..................................................................................

Jamais il n'a voulu abandonner.
Au contraire,
plus il entendait de commentaires négatifs,
plus il était motivé.
Il voulait aller jusqu'au bout de son rêve.

..................................................................................

Le 7 septembre 1988 fut un jour spécial. Alors que les médias de partout ne parlaient plus que du retour éventuel de Guy, para-doxalement, il était intronisé au célèbre Temple de la renommée du hockey, à Toronto. Il réserva un autocar de luxe, puis un hôtel, et nous y invita tous, sa famille, ses parents et quelques amis proches. Cette grande cérémonie officialisait la fin de sa superbe carrière, ou du moins, ce qui «semblait» être la fin.

Seulement, quatre jours plus tard, le 11 septembre 1988, Michel Bergeron, Guy Lafleur et leurs Rangers arrivaient au Colisée de Trois-Rivières, pour le très attendu camp d'entraînement «amé-ricain». Toute la presse sportive de l'Amérique du Nord était là. Il y avait des micros et des caméras partout. Toujours aussi franc, et en riant, il leur déclara: «Je me sens comme une recrue, avec 14 ans d'expérience!»

Et le premier match intra-équipe commença.

## NOS REVERS SONT SOUVENT DES BIENFAITS DÉGUISÉS

Dès ses premiers coups de patin, Guy était partout. Il volait sur la glace. Le Colisée et ses 3 500 spectateurs de tout âge explosèrent. Dès son premier lancer, toujours aussi puissant et en provenance de l'aile droite, il marqua le 1er but de la soirée. On aurait cru qu'il voulait envoyer, dès le départ, non seulement un message de détermination, mais aussi d'encouragement aux plus jeunes. Plus le match avançait, plus Bergeron lui donnait de glace, et plus il se surpassait. À l'image de ses plus belles années, il avait retrouvé le goût de gagner. Il prouvait ce qu'il avait toujours répété : « Pour qu'un joueur excelle, il lui faut du temps de glace. »

Pendant le camp d'entraînement des Rangers, Guy avait retrouvé la joie de jouer au hockey qu'il avait toujours eue depuis son enfance.

J'étais dans les estrades, Phil était sur la galerie de presse, plus haut. Au milieu de la 2e période, parmi les cris de la foule, j'entendis : « Yves… Yves… ! » Je me suis retourné ; c'était Phil Esposito, énervé, qui m'appelait en gesticulant parce qu'il voulait qu'on signe dès la fin du match. Je suis monté le voir et il me dit, tout excité : « Je suis impressionné. Il est extraordinaire. Je n'ai jamais vu un athlète comme ça. Ce qu'il vient de réussir là est un miracle. Ce soir, c'est le meilleur joueur de mon équipe. Je veux qu'on signe une entente tout de suite après le match. »

....................................................................................

> Je n'ai jamais vu un athlète comme ça.
> Ce qu'il vient de réussir là est un miracle.
> Ce soir, c'est le meilleur joueur de mon équipe.

....................................................................................

Phil avait eu raison. Car, ce soir-là, Guy a remporté le trophée du meilleur joueur offensif, et il me l'a donné.

La partie terminée, Joe Bocchino, Phil Esposito, Georges Guilbault, Bergie, Guy et moi, nous nous sommes réunis dans une petite suite de l'hôtel Le Baron de Trois-Rivières. Phil et Georges ont sorti une tablette de papier, sur une petite table au centre de la pièce, et ont commencé à discuter, et à écrire à la main, oui « à la main », les points majeurs que Guy voulait inclure dans son contrat, dont un an avec une année d'option.

Le lendemain, à la une du *Journal de Montréal*, on pouvait lire en très grosses lettres : « LAFLEUR ACCUEILLI COMME UN DIEU… Un retour triomphal pour Guy Lafleur ! »

Le 26 septembre 1988, le retour du Démon blond dans l'uniforme des Rangers de New York de la Ligue nationale de hockey devenait contractuellement « officiel ».

Le vieux rêve de Michel Bergeron se réalisait aussi.

Puis, Lise et Guy déménagèrent à Rye avec leurs deux fils, tout près de l'aréna où les joueurs s'entraînaient, et louèrent une maison. Les quatre dernières années avaient été sombres, mais la page était maintenant tournée.

À New York, Lise et Guy avaient pris le temps de profiter de leur vie en famille, à la suite de tout ce qu'ils avaient vécu au cours des quatre années précédentes.

## LE TEMPS, NOTRE AMI, REDRESSE LES INJUSTICES

Guy l'a dit souvent : « Ce fut le plus grand défi de ma carrière. »

..........................................................................

Ce fut le plus grand défi de ma carrière.

..........................................................................

Tout comme Gordie Howe l'avait réalisé quelques années auparavant, Guy Lafleur venait de « ressusciter » du Temple de la renommée.

Guy Lafleur et Gordie Howe : les deux seuls joueurs de la Ligue nationale de hockey
qui ont fait un retour au jeu après leur intronisation.

Alors que l'âge moyen des joueurs de la LNH était de moins de
25 ans, les jeunes joueurs comme Mario Lemieux et Wayne Gretzky
se déclarèrent heureux de voir un vétéran comme Guy réussir un
retour au jeu aussi spectaculaire. Ils avouèrent sincèrement que
son expérience, que ce soit à ses côtés ou contre lui, allait apporter
quelque chose d'enrichissant pour tout le monde.

Le message de Guy était clair :

**« IL NE FAUT JAMAIS LÂCHER…
IL N'EST JAMAIS TROP TARD…**

**« IL FAUT TOUJOURS SE RENDRE
AU BOUT DE CE QU'ON A DANS LES TRIPES ! »**

En réalisant l'impossible, il venait d'offrir un exemple de persé-vérance, non seulement à tous les jeunes joueurs de la ligue, ou à tout jeune qui veut réussir dans la vie, mais aussi à tous les retraités, les tempes grisonnantes, qu'on «tasse» souvent trop tôt hors du marché du travail, alors qu'ils ont encore tant d'expérience et de sagesse à communiquer. Une authentique leçon de vie!

En réalisant l'impossible, il venait d'offrir
un exemple de persévérance.

En octobre 1988, au match d'ouverture des Rangers, au Madison Square Garden, les Américains ont déployé leur talent inné du spectacle et du grandiose. Ils ont éteint toutes les lumières. Écrit au laser sur la glace, on pouvait voir en réverbération un immense «10» étincelant sur la patinoire. Soudainement, une musique enivrante et théâtrale, jumelée à un feu roulant de lumières de toutes les couleurs, envahit le Garden. Un faisceau lumineux blanc, virevoltant partout sur la glace, se mit à la recherche de quelque chose… de quelqu'un. Puis, de la pénombre, on entendit une voix grave:

*«LADIES AND GENTLEMEN…*
*PLEASE WELCOME… NUMBER 10…*
*GUY… LAFLEUR!»*

À cet instant, à travers le tintamarre des trompettes, et à ma grande surprise, les amateurs new-yorkais se mirent à scander dans tout le Garden, comme au Forum dans les années 1970, comme s'il était natif de New York: «GUY… GUY… GUY!», tandis que les panneaux lumineux affichaient partout son pré-nom en lettres gigantesques. Guy sauta sur la patinoire et fit le tour de l'aréna en saluant la foule en délire. Les applaudissements n'en finissaient plus. Ironie du sort, il jouait ce soir-là «pour» les Rangers, alors que le 9 octobre 1971, il avait disputé son premier match dans la Ligue nationale avec les Canadiens, à Montréal, contre ces mêmes Rangers.

## FAIRE CE QUE L'ON AIME

Bergie avait le sourire aux lèvres. Les joueurs des deux équipes, dont Marcel Dionne, Chris Nilan et Lucien Deblois, ses nouveaux coéquipiers, se sont levés pour l'acclamer. Les spectateurs étaient debout. Tout le monde frissonnait. L'une des plus grandes villes de la planète, là où tout est possible, venait d'adopter Guy Lafleur. Le Madison Square Garden de New York était devenu son nouveau royaume.

À l'image de ses beaux jours avec les Canadiens, après chaque match, les médias de New York s'empressaient de l'entourer afin de recueillir ses commentaires, sa réputation de toujours dire la vérité étant connue de tous.

À partir de ce jour, le hockey à New York prit une tout autre dimension.

Sur Broadway, à Times Square, dans les restaurants, partout, les gens reconnaissaient Guy et Bergie, deux p'tits Québécois de Thurso et de Rosemont auxquels les New-Yorkais demandaient des autographes. On vendait le chandail officiel de Guy Lafleur des Rangers de New York dans tout Manhattan. Mon bon ami Pat Brisson, aujourd'hui une sommité comme agent d'athlètes, nous proposa même de manufacturer et de lancer avec nous une ligne de vêtements sport appelée «Flower Power»... des chandails, des pantalons et des T-shirts à l'effigie de Guy, laquelle Cosby, la plus importante boutique de sport de New York, commercialisa aussitôt.

Voici un chandail qui exprimait avec réalisme ce que Guy représentait à New York :
GUY! GUY! GUY! THE FLOWER POWER!

La saison entamée, Guy avait recommencé à passionner les foules. Ses montées étaient aussi spectaculaires qu'avant, la préparation de ses jeux aussi imprévisible et intelligente. Même s'il marquait moins de buts, il stimulait les Rangers et donnait des sensations fortes au public. Partout, on applaudissait non seulement l'athlète, mais aussi l'homme. Il revivait enfin. De nouveau, il s'amusait.

La saison entamée, Guy avait recommencé à passionner les foules.

## LE PARDON – NOUS SOMMES LES SEULS RESPONSABLES DE NOTRE VIE – NE JAMAIS DÉCEVOIR LES ENFANTS

Quelque part en novembre 1988, il donna une entrevue exclusive au *Paris Match*. Avec sa franchise de p'tit gars de Thurso, il confirma la maturité que ses quatre années d'absence et son retour lui avaient léguée:

« Pour moi, c'est une question de satisfaction personnelle. Je n'aurais pas été bien dans ma peau si je n'avais pas essayé. Je me cassais la tête avec ça. Maintenant, j'ai l'heure juste, je peux dormir en paix... Au début, j'avais de l'amertume envers mes anciens patrons, Ronald Corey, Serge Savard, Jacques Lemaire. Plus maintenant. Fini. Oublié. Classé. J'ai fait des erreurs, eux aussi. En un sens, j'ai perdu quatre ans de ma carrière. Mais, mon *come-back*, je le fais pour moi, pas contre eux... Je m'étais toujours juré de finir ma carrière en beauté alors qu'elle s'était terminée en queue de poisson. »

Mon *come-back*, je le fais pour moi,
pas contre eux...
Je m'étais toujours juré de finir
ma carrière en beauté

Un peu plus tard en saison, le samedi 17 décembre 1988, les Rangers jouaient au Forum de Montréal. Comme l'avait écrit Mario Brisebois dans le *Journal de Montréal*: « Ce match était l'événement le plus attendu de la saison au Forum.» Mais, à notre grand désarroi et à la déception de tous, Guy avait été blessé par un tir à la cheville gauche lors d'un match précédent à Boston, ce qui l'empêcha de jouer contre les Canadiens ce soir-là.

Or, le mercredi 14 décembre, Ronald Corey (oui, vous avez bien lu : Ronald Corey), celui-là même qui avait mis Guy de façon drastique à la porte du Forum quatre ans plus tôt, appela à mon bureau en me demandant si Guy accepterait qu'on lui rende hommage juste avant le match. Venait-il lui aussi de réaliser ses erreurs ? Le temps avait-il fait son œuvre ?

Se doutant qu'il rendrait ses fans montréalais heureux et parce qu'il sentait qu'il le leur devait bien, après en avoir discuté avec Lise, il accepta. Corey voulut que le Canadien lui présente une toile de l'artiste peintre Michel Lapensée, lors de l'événement, mais Guy refusa et lui répondit plutôt que les enfants malades avaient besoin d'aide et qu'un chèque de 3 000 $ à Leucan serait beaucoup plus utile.

Le samedi soir, un peu avant que la partie commence, vers 18 h, sur la galerie de presse du Forum, Phil Esposito voulut me parler seul à seul, Guy étant occupé avec quelques journalistes… «Yves, crois-tu que Flower accepterait d'enfiler le chandail des Rangers par-dessus son habit à son arrivée sur le tapis rouge au centre de la glace ?» En apprenant cela, Guy se dit qu'il l'avait bien mérité et il trouva l'idée de Phil excellente.

À 20 heures, la voix officielle du Forum, cette voix grave et puissante, celle de Claude Mouton, déjà presque enterrée par les GUY ! GUY ! GUY ! ouvrit la cérémonie sur le tapis rouge, avec les présentations d'usage. Puis soudainement, cette voix unique se fit de plus en plus vivante et s'exclama :

*«MESDAMES ET MESSIEURS, ACCUEILLONS
LE N° 10 DES RANGERS DE NEW YORK : GUY LAFLEUR !»*

Ses fidèles partisans hurlant de joie, lui prouvèrent spontanément combien Guy leur avait manqué. C'était le retour de «l'enfant prodigue». Plusieurs amateurs avaient même dormi à l'extérieur, sur la rue Sainte-Catherine, pour réussir à se procurer des billets que les petits revendeurs, les *scalpers*, vendaient jusqu'à 800 $.

........................................................................

Ses fidèles partisans hurlant de joie,
lui prouvèrent spontanément combien Guy leur
avait manqué.

........................................................................

Guy, avec son sourire légendaire, les salua. Le capitaine des Rangers, Kelly Kisio, s'avança vers lui pour lui présenter officiellement son nouveau chandail. Guy le remercia, le prit dans ses mains, le déplia pour le montrer aux amateurs et se le passa par-dessus la tête, très lentement, savourant pleinement tous les instants de son geste «symbolique». Puis, levant triomphalement les deux bras dans les airs, il salua ses fans une seconde fois en faisant un tour complet de 360 degrés sur lui-même, comme pour les remercier d'être aussi heureux que lui. Pendant au moins 5 bonnes minutes, les «GUY! GUY! GUY!» se poursuivirent, un peu comme s'il avait marqué le but victorieux d'un 7e match de finale de coupe Stanley, en période de prolongation.

En applaudissant Guy, debout avec Jean Pagé de *La Soirée du hockey*, qui venait juste de m'interviewer, j'observais les gens. La majorité criait, applaudissait et sifflait, alors que d'autres essuyaient quelques larmes de joie. L'émotion venait d'atteindre son point culminant. Les caméras de la télé nous montraient Ronald Corey, derrière le banc des Canadiens, et Serge Savard sur la galerie de presse qui, mal à l'aise, suivaient la foule des yeux. Guy venait de prouver qu'ils ne l'avaient pas bien traité. Aujourd'hui, les pendules venaient d'être remises à l'heure. Même s'ils avaient cru que Guy était fini, les bonzes du Forum devaient ce jour-là se rendre à l'évidence qu'il était une preuve vivante de courage et de ténacité. En ce sens, il faut dire honnêtement que Serge l'a ensuite reconnu publiquement dans un article de Michel Marois de l'édition du 15 juillet 1989 de *La Presse*: «Lorsque Guy est revenu au jeu, personne ne croyait qu'il réussirait. Pourtant, il a prouvé avec les Rangers qu'il pouvait encore aider une équipe de la Ligue nationale.»

> Les bonzes du Forum devaient ce jour-là
> se rendre à l'évidence
> qu'il était une preuve vivante de courage
> et de ténacité.

Pendant ce temps, aux côtés de Chantale, ma conjointe, Lise demeura assise, calme et sereine parmi la foule, sans broncher, mais avec un sourire révélateur. Elle avait tourné la page. Le lendemain, elle avouait à Réjean Tremblay de *La Presse*: «Ce retour au jeu avec les Rangers a changé ma vie. Complètement. Ça a guéri toutes les atroces blessures subies depuis que le Canadien a décidé de se débarrasser de Guy. Esposito, Michel Bergeron, le sourire de Guy, ils m'ont redonné le goût de vivre. Je me réveille le matin et je suis heureuse, j'ai hâte de voir ce que la journée va m'offrir. C'est merveilleux.» Puis, elle ajouta: «Quand il a pris sa retraite, ça n'avait pas de bon sens. Je n'y croyais pas, il y avait quelque chose qui clochait. Et il était tellement malheureux, personne ne peut imaginer comment il était malheureux … Quand Guy a décidé de revenir au jeu, je le voyais positif, heureux, souriant tout le temps et je me disais que c'était peut-être notre destinée de connaître une expérience nouvelle.»

Quand Guy a décidé de revenir au jeu,
je le voyais positif, heureux,
souriant tout le temps et je me disais
que c'était peut-être notre destinée
de connaître une expérience nouvelle.

Ce même dimanche matin, le *Journal de Montréal* titrait en grosses lettres, à la une :

« 18 000 FANS APPLAUDISSENT GUY… UN TRIOMPHE » sur une photo d'un Guy Lafleur victorieux, souriant et serein, les bras levés vers le ciel, avec le jersey bleu des Rangers. Juste à côté, on pouvait lire :

« LISE LAFLEUR : HEUREUSE À NEW YORK »

Les images de cette cérémonie allaient passer à l'histoire.

Après le match, Esposito avait permis à Guy de se libérer de l'équipe pour le reste de la soirée, pour qu'on puisse inviter nos familles et nos amis à aller souper chez Ladora, d'autres amis qui, pour souligner ce retour, nous avaient réservé le restaurant exclusivement pour nous.

Mais le scénario du retour n'était pas complètement écrit.

## LE « TIMING » DU SUCCÈS

Environ deux mois plus tard, le 4 février 1989, les New-Yorkais revinrent au Forum. Cette fois, Flower n'était plus blessé.

Guy, son fils Martin et moi sommes arrivés vers 15 h 30 au Forum. Les placiers et les agents de sécurité se ruèrent sur Guy, heureux de lui parler, comme toujours. Claude Mouton vint à notre rencontre, pour ensuite nous faire conduire dans le vestiaire

« des adversaires », du côté de la rue Closse. Pendant que nous marchions, les « salut, mon Guy, comment ça va ? » des employés n'arrêtaient plus. Fidèle à ses vieilles habitudes, Guy commença à s'habiller avant que les joueurs arrivent. À tour de rôle, les gars de la production de *La Soirée du hockey* comme Claude Brière et François Carignan, les animateurs Lionel Duval, Gilles Tremblay, Richard Garneau et Jean Pagé, tous de vieux amis, vinrent l'encourager. Pour se détendre, il voulut jouer quelques parties de backgammon avec moi, jusqu'à ce que Michel Bergeron arrive.

Puis, dès qu'il sauta sur la glace pour la période de réchauffement d'avant-match, les premiers spectateurs se mirent à scander « Guy ! Guy ! Guy ! » Toutes les radios et les télés, tous les journaux, de Montréal et de New York, même les magazines comme *People*, étaient présents, anxieux et curieux. En patinant avec intensité, Guy tentait d'évacuer son trac, un trac plein d'adrénaline.

Puis, à 20 h 05, ce fut l'hymne national entrecoupé de « Guy ! Guy ! Guy ! »

Pour la première fois de sa carrière professionnelle, il était dans le camp adverse, en face des Canadiens avec lesquels il avait évolué pendant 14 saisons. Avec admiration, ses vieux copains Larry Robinson et Guy Carbonneau, les joueurs, les journalistes et la foule, une foule aussi nerveuse que Guy, avaient les yeux rivés sur lui.

Le cœur partagé, presque tout le Québec voulait voir Guy marquer, et les Canadiens gagner le match. La foule était fébrile.

Le scénario de la soirée fut magique. Le match s'enclencha. Michel Bergeron, doué d'un sens du spectacle inimaginable, savait qu'en lui accordant beaucoup de temps de glace, il stimulerait sa concentration et sa détermination. Accroché à son bâton, Guy y allait de ses grandes enjambées habituelles. Les spectateurs dans le Forum ou dans leur salon, à nouveau assis sur le bout de leurs sièges, étaient prêts à bondir à ses moindres gestes.

Dès le début du match, à 4 : 19 de la première période, il fait une passe inattendue, par-derrière, à David Shaw qui marque, inscrivant ainsi une mention d'assistance sur le premier but des Rangers.

Guy Lafleur, des Rangers de New York, montre à son vieil ami Larry Robinson, des Canadiens de Montréal, forcé de s'étendre de tout son long pour tenter de l'arrêter, qu'il est aussi rapide qu'avant.

En deuxième période, il reçoit soudainement une passe de Jason Lafrenière, se retrouve seul devant Patrick Roy qui est forcé de s'étendre par terre, prend bien son temps et loge la rondelle dans le haut du filet, derrière le meilleur gardien de but de la Ligue nationale.

La foule en liesse éclate…

Flower revient à la charge un peu moins de six minutes plus tard, hypnotise par quelques feintes rapides Petr Svoboda, s'infiltre

entre lui et Rick Green, l'autre défenseur, et lance une fois de
plus entre les jambières de Roy pour ainsi compter son 2ᵉ but de
la soirée… Les caméras en profitent pour nous montrer un Pat
Burns totalement déstabilisé, découragé.

Le 4 février 1989, lors de son retour au Forum de Montréal, les joueurs des Rangers
sautent de joie pour Guy, après qu'il ait déjoué Patrick Roy des Canadiens
de Montréal. Quelle soirée !

Là, je l'avoue, j'ai vraiment cru que le toit du Forum exploserait
littéralement.

Guy venait de nous faire revivre les émotions
des belles années du Canadien.

C'était une première. Jamais la foule de Montréal ne s'était déchaînée avec autant d'allégresse pour des buts comptés par l'équipe adverse. Guy venait de nous faire revivre les émotions des belles années du Canadien. Les amateurs en avaient eu pour leur argent. Un vent d'amour, d'admiration et d'affection soufflait coin Sainte-Catherine et Atwater. Les Canadiens avaient gagné et leur héros les avait émerveillés… Une autre fois, Corey et Savard semblaient se rendre compte qu'ils n'auraient jamais dû faire l'erreur de forcer Guy à prendre sa retraite et à accrocher ses patins.

Les Canadiens avaient gagné
et leur héros les avait émerveillés…

Ce soir-là, Réjean Lafleur, son père, que j'avais fait entrer dans le vestiaire des Rangers après le match, avec sa mère Pierrette, avait vécu des instants touchants: «Quand j'ai entendu la réaction de la foule après le premier but de Guy, j'ai pleuré…!»

Je me rappelle que même Céline Dion et René Angélil, qui en étaient alors à leurs premières armes aux États-Unis, avaient assisté au match, et n'avaient pu s'empêcher de venir également nous rejoindre pour féliciter Guy de vive voix, étant tout simplement émerveillés par son retour au jeu et sa performance.

À la une de *La Presse*, le lendemain matin, on pouvait lire en gros titre :

«LAFLEUR ÉLECTRISE LE FORUM…
LE BONHEUR TOTAL... IL MARQUE 2 BUTS
DANS UNE DÉFAITE DE 7-5!»

Le *Journal de Montréal* écrivait:

«LES AMATEURS ONT ÉTÉ CHOYÉS… DES BUTS DE
LAFLEUR, UNE VICTOIRE DU CANADIEN!»

## LA LOI DU CHANGEMENT
## OBLIGE L'HOMME À S'AMÉLIORER

Un peu plus tard en saison, le 27 février, Flower répéta un exploit similaire au Garden de New York. Il inscrivit un tour du chapeau, 3 buts, contre Gretzky et ses Kings, ces mêmes Kings que j'avais contactés au tout début du retour pour leur offrir les services de Guy et qui refusèrent. Les amateurs, survoltés, lançaient des casquettes sur la glace.

Un Michel Bergeron enthousiaste décrivit alors cette soirée aux journalistes comme suit : « C'était quelque chose à voir… Un spectacle extraordinaire… Guy a obtenu 6 points en 2 matchs. Il a volé le show, spécialement quand il a reçu une ovation de 2 minutes des amateurs… Après son 3e but, quand l'arbitre fut prêt à mettre la rondelle au jeu, Wayne Gretzky, plutôt que de se rendre immédiatement au centre de la patinoire pour reprendre le jeu au plus vite, est allé voir l'arbitre et lui a dit de prendre son temps parce que Guy méritait bien un tel hommage. Wayne a eu beaucoup de classe sur cette séquence. Guy était gêné. Il restait assis sur le banc alors que la foule attendait qu'il se lève. Je lui ai suggéré de le faire. Mais Guy a refusé, il était trop timide et embarrassé. Les partisans ont adoré ces instants remplis d'émotion. Ce fut magique ! »

En mars, un peu avant la fin de la saison, un des plus beaux témoignages de confiance fut celui d'Yvan Cournoyer, son ami depuis les années 1970 chez le Canadien. Il confia à Bertrand Raymond : « Au cours des mois qui ont précédé sa retraite, Guy se sentait seul… et il l'était vraiment. Il aurait voulu qu'on l'aide. Il aurait voulu se sentir important dans l'équipe. Je sais par où il est passé… Il n'avait pas d'affaire à lâcher. D'accord sa tête n'était pas au hockey, mais personne ne l'a aidé. »

Au cours des mois qui ont précédé sa retraite,
Guy se sentait seul...
et il l'était vraiment. Il aurait voulu qu'on l'aide.
Il aurait voulu se sentir important dans l'équipe.
Je sais par où il est passé...

Et, dans cette même chronique, Bertrand de renchérir : « Guy Lafleur est quasi assuré de connaître une saison de 20 buts malgré une absence de 13 parties. À 37 ans, après une retraite fermée de quatre ans, il s'agira d'un exploit exceptionnel. On peut toujours prétendre que sa tête n'était pas au hockey quand il s'est retiré. Mais peut-être n'aurait-il jamais posé un geste aussi lourd de conséquences si la haute direction du Canadien avait tenté de le rescaper pendant qu'il traversait la période la plus triste de sa vie. »

Toujours est-il qu'ayant raté 13 parties, Lafleur termina la saison avec 18 buts, 27 passes pour un total de 45 points en seulement 67 matchs. Cette année-là, grâce à cette production, il aurait été le 7e meilleur joueur des Canadiens, et probablement plus près des premières positions s'il avait disputé la majorité des matchs, comme la plupart des marqueurs du Tricolore qui le devançaient. Le retour réussi de Guy avait attiré tous les regards sur les Rangers, et les joueurs de Bergeron avaient réussi à occuper le 1er rang de la division Patrick pour une grande partie de la saison.

Puis, l'équipe de Bergeron commença à piétiner. L'administration des Rangers, sous leur grand patron Jack Diller, vice-président des sports du Madison Square Garden, brisa d'abord ce beau tandem que formaient Phil Esposito et Michel Bergeron, en congédiant Michel le 1er avril. Phil occupa le poste d'entraîneur jusqu'à la fin de la saison.

Pour sa part, Guy souhaitait jouer une ou deux années de plus, pour ensuite travailler au sein de leur organisation. Il était sur le point de s'entendre avec Esposito, lorsque ce dernier fut à son tour remercié. Les nouveaux dirigeants, qui n'avaient aucune vision, contrairement à Bergie et Phil, offrirent à Guy seulement une année additionnelle comme joueur. Il ne faisait pas partie de leurs plans pour l'après-carrière.

Ayant profité d'une vie plus familiale, Lise et Guy avaient adoré leur expérience, leur vie, à New York, mais les revirements administratifs chez les Rangers les obligeaient maintenant à envisager d'autres options en vue de la retraite. En ce sens, Guy dit à Denis Monette du *Lundi* : « Moi, en arrivant à New York, je me suis senti chez nous… Nous n'étions pas dépaysés… Chose certaine, si Michel Bergeron n'avait pas été mis à la porte de New York, nous y serions restés. »

## LA VOLONTÉ DE PARTAGER

Le 8 juin 1989, Lise, Guy et moi nous envolions à destination de Las Vegas pour assister aux 23es Victor Awards, un événement américain très convoité qui, chaque année, dure quelques jours et représente une version sportive des Academy Awards. Cette année-là, l'Association des chroniqueurs sportifs d'Amérique avait voté pour Guy comme récipiendaire du trophée du « Plus grand retour d'un athlète dans le sport professionnel (*Comeback Athlete of the Year*) ». La cérémonie eut lieu le 10 juin sous la présidence d'honneur du baron Conrad Hilton, propriétaire de la célèbre chaîne d'hôtels.

Le plus grand retour d'un athlète
dans le sport professionnel.

Quelque temps après, Michel Bergeron aboutit finalement comme entraîneur-chef des Nordiques de Québec.

Puis, le 14 juillet, Guy signa à son tour une proposition des Nordiques qui lui promirent, surtout, une carrière comme exécutif une fois à la retraite. Comme l'écrit le journaliste Frank Brown du *New York Daily News*, ce jour-là, ce fut une surprise et une grande déception pour ses coéquipiers new-yorkais qui adoraient jouer avec lui, qui aimaient profiter de son expérience et qui aimaient l'homme.

En conférence de presse, Guy déclara alors au *Journal de Montréal*: «C'est grâce aux Rangers si je peux terminer ma carrière à Québec.»

Il joua avec les Nordiques pendant 2 années et enregistra 12 buts par saison, tout en essayant d'inculquer aux plus jeunes le courage nécessaire pour reconstruire l'équipe qui n'allait nulle part.

Au début de la saison 1990-1991, il annonça à l'avance que c'était sa dernière saison. Cette fois-ci, c'était un Guy Lafleur différent de 1984. Heureux, il venait de décider «lui-même» de prendre sa retraite, sans qu'on l'y oblige.

> Il venait de décider «lui-même» de prendre sa retraite, sans qu'on l'y oblige.

Et puis le 30 mars 1991, après avoir été honoré dans plusieurs villes de la Ligue nationale durant la seconde moitié de la saison, Guy fut ovationné pendant près de 10 minutes par ses admirateurs montréalais. Et il marqua ce soir-là son dernier but en carrière, contre Patrick Roy. La boucle était bouclée, il avait relevé le défi avec brio et avait réussi.

Il reçut une seconde ovation monstre, le lendemain à Québec, alors qu'il joua son tout dernier match à vie dans la LNH, une victoire de 4-1 contre les Canadiens.

Après sa saison dans l'uniforme des Rangers de New York,
Guy revenait à Québec avec les Nordiques, la ville de ses succès juniors.

Les Nordiques furent ensuite vendus pour devenir l'Avalanche du Colorado, privant ainsi Guy de poursuivre sa deuxième carrière au sein de leur organisation.

# APRÈS-MATCH

## ÊTRE UN HOMME DE CŒUR

**Toute sa vie,** Guy Lafleur sera allé au bout de ses rêves. L'une des plus grandes raisons de ses succès, c'est qu'il a trimé dur pendant des heures et des heures à parfaire son art. Il ne voulait pas être un bon joueur, il voulait être le meilleur.

Et il aura accompli un retour qui demeurera sans aucun doute le plus spectaculaire, non seulement dans l'histoire du hockey professionnel, mais aussi dans le monde du sport.

Toute sa vie, Guy Lafleur sera allé
au bout de ses rêves.

Le Démon blond put enfin se retirer honorablement. Lors de la cérémonie d'adieu en son honneur à Québec, il laissa un message en héritage aux jeunes :

### « JOUEZ CHAQUE MATCH COMME SI C'ÉTAIT VOTRE DERNIER! »

Depuis sa retraite, entre ses matchs amicaux avec Les Légendes du Hockey ou les Anciens Canadiens, au profit d'œuvres de toutes sortes, et ses visites d'encouragement aux troupes en Afghanistan, à titre de colonel honoraire du 12ᵉ Escadron de la base de Bagotville, pour l'armée canadienne, il s'est lancé en affaires dans le domaine de la restauration avec Lise et ses deux fils.

Comme colonel honoraire de l'armée canadienne, chaque année,
Guy se rend en Afghanistan pour quelques jours, ce qui lui permet
de constater le grand travail des soldats, qui risquent souvent leur vie.

Après quelques années, Lise et Guy ont finalement décidé de tout vendre et de profiter de la vie. Flower peut maintenant se faire plaisir et disposer de son temps, à sa guise.

Il a aussi découvert d'autres passions telles que piloter un hélicoptère ou naviguer sur son bateau. Aller à la pêche avec Lise et Pierrette, sa mère, est désormais inscrit à son agenda, un emploi du temps que personne ne peut changer.

Durant l'été, sur leur bateau, Lise et Guy adorent naviguer un peu partout.
Le calme de l'eau leur permet de s'évader un peu du train-train quotidien.
Ils traversent ici le Pont de la  Confédération, à l'Île-du-Prince-Édouard.

Son âge et sa notoriété lui permettent aujourd'hui d'être le porte-parole de certaines entreprises, dont les produits auxquels il croit et qui sont consacrés à la santé, notamment les suppléments naturels liquides MeliaLife et les produits Revitive.

Centré sur les vraies valeurs de la vie, Guy vieillit avec sagesse.

Il n'a jamais oublié « d'où il venait ».

À ce jour, Guy Lafleur demeure, et le restera longtemps encore, le meilleur marqueur de l'histoire du Canadien de Montréal, avec une fiche à vie de 1246 points en 962 parties. Il occupe maintenant le titre d'ambassadeur des Canadiens, et il est heureux.

Mais ce qui l'a toujours démarqué de la majorité des athlètes, en plus de ses succès professionnels, c'est qu'il est demeuré un homme de cœur.

Il n'a jamais oublié « d'où il venait ».

Pour Guy, son public a toujours représenté l'une de ses plus grandes motivations, et ce, quel que soit l'âge des gens. S'intéresser à eux était l'une de ses priorités.

Il l'a déjà dit dans le magazine *Le Lundi* : « J'ai toujours été près du public parce que c'est lui qui m'a fait vivre. Si j'ai eu du pain et du beurre sur ma table, c'est grâce au public. Si tu respectes ton public et que tu as par la suite des hauts et des bas, il te respectera aussi. Le fait de sentir que les gens sont heureux de te voir, c'est la plus belle récompense. »

Le fait de sentir que les gens sont heureux
de te voir, c'est la plus belle récompense.

La bonté dans les yeux, le sourire affectueux, il a aimé, et est aimé des gens de tous les milieux, autant les enfants que les plus vieux. Il n'a jamais été avare de son temps, et il adore toujours autant s'arrêter pour leur dire quelques mots ou… leur glisser une petite photo autographiée, devinant fort bien qu'ils en seront émus.

Guy Lafleur peut maintenant vivre en paix, en paix avec lui-même et en paix avec les Canadiens, et dire : « **Mission accomplie** ».

Devant son chandail Bleu-Blanc-Rouge et une toile de l'artiste peintre Mario Beaudoin nous rappelant son excellence, Flower peut difficilement cacher qu'il vit enfin une fin de carrière heureuse.

Par sa générosité et son humilité, il a transcendé son sport. Il a été le reflet de toutes les couches de notre société.

C'est en raison de tout ce que vous venez de lire que, dans le cœur de tous, Guy est devenu une légende vivante !

Maintenant, vous comprenez sûrement la profondeur de cette pensée que mon ami Eddy Marnay se faisait un devoir de me rappeler:

**« IL N'Y A PAS DE HASARD,
IL N'Y A QUE DES RENCONTRES. »**

Le 13 septembre 2013, soit 25 ans après son excitant et incroyable retour au jeu,
Guy reçut un honneur qui le toucha particulièrement.
Devant l'hôtel de ville de Thurso, M. Maurice Boivin, maire de Thurso,
M. Mario Boyer, chargé du projet, et M. Hugo Blais, en présence de Guy,
Lise et Pierrette, sa mère, M. Geoff Molson, de quelques anciens coéquipiers,
et de tous les organisateurs de cet événement, ont immortalisé les succès de la carrière
de Guy par ce merveilleux BRONZE du sculpteur Jean-Raymond Goyer.

Et Guy de dire humblement:

**« Je n'ai jamais vu une sculpture aussi précise et avec autant détails.
C'est vraiment moi. Je tiens à remercier sincèrement tous ceux qui se sont impliqués
dans ce merveilleux projet. Ça me fait chaud au cœur! »**

# GUY
# À CŒUR OUVERT !

## JE ME CONSIDÈRE TRÈS PRIVILÉGIÉ
## D'AVOIR EU CE DON DU HOCKEY

**Ma passion pour le hockey** a débuté très jeune, vers cinq ou six ans. À l'école, on évoluait pour les Frères de l'instruction chrétienne qui étaient très, très reconnus comme de bons sportifs. Et on jouait classe contre classe à ce moment-là, dans les carnavals ou à l'heure du midi, avant que l'école recommence. Et c'est là que tout a commencé.

C'est à cette époque que mon père a fait une patinoire extérieure, près de la maison. Dans ce temps-là, il n'y avait pas beaucoup de maisons derrière chez moi, et on avait fait une grande patinoire où les voisins s'amusaient après la classe, ou les fins de semaine. On était toujours sur la patinoire… toujours!

Je me considère très privilégié d'avoir eu ce don du hockey. J'ai quand même vu beaucoup de jeunes avec le même don, mais qui ne l'exploitaient pas. Ils n'étaient pas prêts à faire les sacrifices pour le développer au maximum. Moi, je le prenais très, très au sérieux.

Quand j'ai participé au Tournoi international de hockey pee-wee, à Québec, à 10, 11 et 12 ans, j'ai fini premier compteur. Tu le sens que tu as un peu plus de talent que l'autre. Mais d'un autre côté, c'est un rêve, tu veux exploiter ton talent au maximum.

Moi, j'ai eu l'opportunité à l'âge de 14 ans d'aller évoluer à Québec où la compétition était plus forte. Ça aide beaucoup, ça aussi. Il y a tellement de jeunes qui sont dans un patelin où la compétition atteint une certaine limite, et ils vont s'éteindre lentement dans cet encadrement-là, parce qu'ils n'ont pas l'occasion de jouer ailleurs, ou d'exploiter vraiment leur talent. Moi, c'est une chance que j'ai eue dans ma jeunesse de pouvoir l'utiliser pleinement.

Penser à faire une carrière, ça n'arrive pas avant 16 ou 17 ans. Avant ça, tu vas rêver de faire une carrière.

Je me souviens qu'au tournoi pee-wee du Colisée, à l'âge de 10 ou 11 ans, on signait des autographes (en riant). Je me demandais pourquoi on signait des autographes à cet âge-là. Mais c'était simplement parce qu'on avait une bonne équipe, et que les médias parlaient souvent de Guy Lafleur ou de l'équipe pour laquelle j'évoluais. Les gens suivent ça de très près, c'est une religion le hockey au Québec et au Canada. C'est quelque chose de vraiment extraordinaire !

## J'ÉTAIS PASSIONNÉ !

Jusqu'à l'âge de 15, 16, ou 17 ans, je m'entraînais tout l'été constamment, pendant que mes amis s'amusaient. J'avais un but en tête : faire carrière. Mon père était un maniaque de hockey. Il ne m'en parlait pas souvent. Même après les matchs, c'était très rare qu'il me demandait : « As-tu compté ? » De toute façon, je n'étais pas tellement jasant, je gardais plutôt tout intérieurement. C'est un talent que tu as, mais il faut aussi que tu travailles pour y arriver. Il ne faut pas que tu arrêtes.

Pendant cette période de ma vie, je suis allé à l'école de hockey pendant quatre ans. J'avais beaucoup de défauts avant d'arriver là (riant). Je les ai corrigés. Il faut que tu travailles constamment sur les aspects que tu ne maîtrises pas. Ça prend aussi quelqu'un qui te dirige, c'est très important.

Je crois qu'aujourd'hui, de plus en plus, les jeunes sont mieux dirigés en général que dans mon temps.

Quand j'ai commencé, à ma première année d'école de hockey, j'avais les chevilles très faibles. J'ai dû renforcer mes chevilles et pratiquer les lancers de précision. Avec les Frères, il y avait un genre de trou dans les bandes d'aréna, et il nous fallait lancer dans ce trou. Il fallait aussi pratiquer les départs, les arrêts et les virages.

J'étais passionné. Je le faisais parce que j'aimais ça. Je voulais m'améliorer et me donner le maximum de chances. C'était mon but principal.

Les fins de semaine, le gérant de l'aréna était mon instructeur, avec un des frères de l'école. Je passais par la porte d'en arrière, en-dessous des gradins, et je me retrouvais vers 7 h, 7 h 30 ou 8 h le matin, seul sur la patinoire jusqu'à son réveil. J'étais tout le temps là les fins de semaine. Certains soirs, je couchais avec mon équipement de hockey (riant), tellement je voulais être rendu là le premier. Être le premier sur la glace, et surtout être seul… être seul… parce que ça te donne l'occasion de pratiquer beaucoup plus en paix.

Même quand je suis arrivé avec les Canadiens, je me suis toujours gardé un peu de temps, une demi-heure ou une heure, seul, avant que tous les autres sautent sur la patinoire.

Professionnel, c'est une tout autre histoire parce que c'était comme si je vivais un rêve. Quand t'es p'tit garçon, tu te dis: *mon rêve, c'est de devenir joueur de hockey professionnel.* Et quand tu l'es, ça demeure un rêve parce que tu te demandes encore intérieurement: *Mais qu'est-ce que je fais ici, moi? Je suis au Forum tout seul. Le Forum m'appartient.* C'est un feeling extraordinaire.

## ON ÉTAIT VRAIMENT UNE FAMILLE UNIE

À la maison, on était une famille de 5 enfants, avec 4 sœurs. Mon père était soudeur de métier. C'était un bonhomme qui avait travaillé dur toute sa vie. Il avait commencé à l'âge de 15 ans. Il travaillait souvent le soir. Il ne manquait jamais une occasion de venir voir un match. Ma mère et mes sœurs aussi suivaient ça. On était vraiment une famille unie.

Quand tu es jeune, tu veux devenir pompier, tu veux devenir curé ou policier. Pour moi, mon rêve a toujours été d'être joueur de hockey. Si je n'avais pas eu la chance ou le talent de joueur de hockey professionnel, j'aurais aimé devenir policier de la GRC, pour le défi.

## C'EST IMPORTANT DANS LA VIE
## DE CROIRE EN SOI

Je suis très, très croyant. Je crois beaucoup en la vie, en la mort. J'y pense souvent. Peut-être que plus tu vieillis, plus tu es porté à y réfléchir. Tu es porté à y penser aussi quand tu as des enfants. Tu les vois grandir.

C'est important dans la vie de croire en soi, en la vie, en la religion. Il y a sûrement quelque chose de plus grand que soi !

Il faut que tu sois croyant parce qu'avant de réussir le moindrement, l'argent et la gloire ne sont pas là. Premièrement, il faut croire en ses possibilités, ses capacités, être confiant, croire en son entourage, en ceux qui vont te conseiller. Moi, j'ai été élevé dans la religion catholique. Quand j'étais jeune, j'ai été servant de messe pendant quatre ans parce que j'aimais ça. Il faut être bien dans sa peau, je crois. C'est l'essentiel.

J'ai toujours eu confiance en moi. J'ai toujours su ce que j'étais capable de faire, à la condition qu'on m'en donne l'opportunité.

C'est sûr que si tu es un athlète dirigé par d'autres, c'est eux qui tirent les ficelles. C'est un peu comme un spectacle de marionnettes… Le spectacle va bien, mais si à un moment donné quelqu'un coupe les ficelles, la marionnette va tomber ! Ça dépend de la façon de l'utiliser. C'est facile de détruire quelqu'un, de détruire un athlète. Tu n'as qu'à le démolir psychologiquement, en ne le faisant pas jouer, ou en lui promettant un tas de choses. Il n'y a rien de plus facile que ça.

## C'EST IMPORTANT D'AVOIR DES AMIS, MAIS SURTOUT DES AMIS POSITIFS

C'est important d'avoir des amis, mais surtout des amis positifs. Dans une carrière ou dans le monde des affaires, il y a beaucoup de gens négatifs. Tu en viens à penser comme eux. Et la journée que tu penses comme eux, je crois que tu es une personne finie, à moins de retrouver une amitié sincère et très positive. À ce moment-là, tu t'en sors et tu vas foncer de l'avant, au lieu de toujours t'arrêter comme s'il y avait un mur devant toi et de te dire : *Ça me fait peur.*

Il y a des gens qui vont te dire : « Écoute, il me semble que tu ne joues pas aussi bien qu'avant. Tu dois penser à ta retraite… » À force de te faire répéter ça par un tas de gens, tu en viens à croire qu'ils ont peut-être raison. Puis la journée où tu penses vraiment comme eux, c'en est fait de toi. C'est fini parce que là tu te mets à penser constamment, et tu n'as plus les idées claires.

C'est très important, l'amitié. Surtout ta famille immédiate, ta femme, tes enfants. Dans les situations comme celles que j'ai vécues, si tu n'as pas l'appui de ta famille, tu es mieux de ne pas y penser. Pour moi, ça a été très positif. Ils ont été derrière moi jusqu'au bout. Ça a été l'histoire de ma vie : la famille immédiate, les amis qui m'entourent. C'est important aussi que les amis soient positifs, pas qu'ils soient avec toi parce que tu es populaire ou que tu portes un uniforme.

Dans les quatre années de ma retraite des Canadiens, j'ai pu voir qui étaient mes amis. Et ça m'a beaucoup aidé.

Des leçons ?

C'est sûr qu'il y a beaucoup de choses que tu ne comprends pas quand tu es jeune, parmi tout ce qui s'est passé dans ma carrière depuis l'âge de 10 ou 12 ans. Mais plus tu prends de l'âge et plus tu réalises.

Quand ça va bien, tu n'as pas de casse-tête. Tout le monde est fin, tout le monde est beau avec toi. Des amis, tu en as un peu partout dans le monde.

Quand ça va mal, c'est une autre histoire. Souvent, certains vont s'éloigner parce que tu ne leur es plus utile, parce que ça va mal.

Le côté humain, je crois, est plus important que ce que tu peux représenter aux yeux des gens.

## JE CROIS QUE JE DOIS BEAUCOUP AU PUBLIC

La gloire ?

C'est un privilège qu'on peut avoir sur certaines personnes du fait qu'on réussit dans le domaine qu'on pratique. Moi, c'est le hockey. Pour moi, c'est d'être identifié au public. Le public a toujours eu une place importante dans ma vie parce que je me disais : *Pas de public, moi, je n'ai pas de salaire. Et pas de salaire, je suis où ? Je n'ai pas de gagne-pain du tout.*

Je crois que je dois beaucoup au public. Les spectateurs et les partisans m'ont encouragé d'une façon extraordinaire tout au long de ma carrière, même jusqu'à la fin. C'est une chose que tu ne peux pas oublier. Le public est toujours passé en premier, même avant ma famille. Je ne le regrette pas parce que c'est toute une sensation que j'ai aujourd'hui d'avoir le public derrière moi. Tu n'achètes pas un public. Tu le conquiers. Parfois, ça coûte cher, mais ça vaut la peine.

À Québec, j'avais le public derrière moi.

À Montréal, vers la fin, je n'évoluais pas tellement souvent. Je ne jouais pas régulièrement. Le public est devenu un petit peu impatient du côté productivité. Ça n'a pas été facile. Mais ça s'est replacé par la suite. Il fallait donc le reconquérir et ne pas me décourager. Si tu as le talent et si on te donne la chance de l'exploiter, tout se concrétise.

Le public, c'est une drogue. Quand tu vis dans la gloire, tu vis avec un tas de publicité autour de toi. C'est un élément dont plusieurs personnes ne peuvent pas se passer. Moi, j'aime le public. Si je veux être dans le public, je vais dans le public. Si je veux avoir la tranquillité, je sais où la retrouver. C'est important d'avoir les deux aspects.

Si je me promène à Montréal, je sens que les gens me reconnaissent. Ça te fait un p'tit velours. Les gens ne t'ont pas oublié. Les gens te respectent pour ce que tu as fait dans le passé. C'est difficile à expliquer. Les gens aiment ou n'aiment pas quelqu'un. Beaucoup d'athlètes se sont identifiés au public, mais ils ne sont pas tous aimés par le public.

Pourquoi ai-je eu ce genre de privilège comparativement à d'autres?

Peut-être parce que je suis comme eux. Les gens aiment s'identifier à un personnage. Chez moi, le hockeyeur ou la personne, c'est le même individu. Je ne suis pas différent. Les gens parfois vont se donner une deuxième personnalité. Moi, je n'ai jamais été comme ça, et j'ai toujours été près de mon public.

Tu es sur la patinoire, tu as le contrôle de la rondelle. Tu t'en vas vers le but adverse, mais tu n'as pas uniquement 2 jambes qui te poussent vers l'avant, tu en as 20 000 (riant). Tu ressens une forme de puissance qui t'aide beaucoup, qui te motive et qui va te porter jusqu'au but que tu veux atteindre. C'est important. L'appui du public y est pour beaucoup dans le succès d'un athlète. Il peut le motiver comme il peut le détruire aussi.

## LES COUPES STANLEY QUE NOUS AVONS GAGNÉES, CE FUT UN TRAVAIL D'ÉQUIPE

J'ai toujours été orgueilleux, fier de moi, dès l'âge de 9 ou 10 ans, mais je n'ai jamais été égoïste. Je crois que le hockey, c'est un travail d'équipe. Tu n'es pas le meilleur sans l'aide de tes coéquipiers, dans n'importe quel sport. Si tu n'as pas la rondelle, tu as beau avoir tout le talent du monde, tu ne réussiras pas. C'est un genre de chimie ou de mariage qui se passe entre les joueurs. Les coupes Stanley que nous avons gagnées, cela a été un travail d'équipe. Je ne connais pas d'équipes qui ont travaillé individuellement et qui ont gagné des coupes Stanley.

## IL NE FAUT PAS QUE TU DÉSAPPOINTES UN ENFANT !

Tu représentes toujours quelque chose pour la jeunesse. Ce que tu fais en tant qu'athlète, tes succès, ta carrière, comment tu réagis devant certaines difficultés, vis-à-vis de la gloire. J'ai toujours été conscient de ce qui pouvait se passer autour de moi, en public, avec des amis ou à la maison. C'est très important de bien se comporter, même si ça ne va pas toujours comme on veut. Quelquefois ça ne plaît pas à tout le monde, mais on est des humains, on n'est pas des robots. On a beaucoup de qualités, on a beaucoup de défauts.

Il s'agit d'essayer de pencher le plus possible du côté des qualités pour influencer surtout la jeunesse, parce que notre jeunesse nous regarde. C'est pour ça que j'étais content de revenir au jeu. Si mon retour au jeu a pu aider un certain nombre d'élèves à l'école, qui ont des difficultés ou qui ont peur de foncer ou de relever un défi, tant mieux ! Moi, je suis très positif là-dessus.

Jean Béliveau, c'était mon modèle, c'était mon idole. Pas une idole uniquement en tant que joueur de hockey. Je regardais l'homme aussi, sa façon de se comporter. Jean a toujours été une personne que les gens respectaient, et il est encore respecté aujourd'hui. Ce sont des choses importantes, je crois, dans la vie du p'tit garçon ou de la p'tite fille qui regarde son idole. Il ne faut pas que tu désappointes un enfant… même les adultes. Cela a toujours été primordial dans ma carrière.

Quoi que j'aie pu faire, je le faisais parce que ça me tentait. Il y a aussi le côté humain chez l'athlète, qu'il ne faut pas que les gens oublient. Souvent, c'est mis de côté. «Pas le droit de faire ci… Pas le droit de faire ça.» Il faut vivre!

## J'AI TOUJOURS DIT MA FAÇON DE PENSER

J'ai toujours dit ma façon de penser, ce que peut-être beaucoup de gens n'ont pas eu l'occasion de faire dans leur carrière ou dans leur vie. Moi, je le faisais parce que je suis comme ça. C'est sûr que d'être numéro 1, ça aide aussi à dire ce que tu penses. Ça, j'en étais très conscient. Aussi, parce que les joueurs souvent me disaient: «Guy, t'es le seul qui peut parler…» C'est sûr que c'est moi qui payais les pots cassés. Mais j'étais au courant des risques. C'est une sorte de défi. Tu vas jusqu'au bout. Moi, je suis allé jusqu'au bout de mes idées, sans me rétracter le lendemain, en disant «C'est pas ça que j'ai dit».

À chacune de mes déclarations, je savais que l'organisation avait la possibilité de riposter. Mais de la façon que ça sort ou que la déclaration est interprétée dans les journaux, ce n'est pas toujours comme toi tu l'as dit. Moi je n'écris pas, je dis. Leur façon d'établir les grands titres des journaux, c'est différent. Ce n'est pas toujours sorti comme je l'avais dit. Quand même, c'est une chose à laquelle tu dois t'attendre. Eux, ils vendent le journal. Ils ne vendent pas Guy Lafleur.

Ce qui a été fait a été fait… Ce qui a été dit a été dit!

Avec mon expérience et le temps que j'ai eu à y penser, à faire une révision complète de ma carrière, il y a des choses que je ferais sans doute autrement… qui voudraient dire la même chose, mais qui seraient dites différemment, peut-être.

## LA RAISON DE MON RETOUR AU JEU, C'EST PARCE QUE J'AI TOUJOURS ÉTÉ EN AMOUR AVEC LE HOCKEY

La journée que j'ai décidé de faire un retour au jeu, les commentaires que j'ai eus de mes amis étaient très, très positifs. Avant que ça se rende à la presse écrite ou parlée, il y avait du pour et du contre, surtout dans le domaine sportif.

Je ne m'attendais pas à ce que ça prenne autant d'ampleur, surtout après quatre ans de relâche. J'ai trouvé ça pas mal le fun que les gens s'impliquent et prennent ça à cœur.

Moi, je croyais qu'il y avait encore du hockey en moi. J'ai fait un retour au jeu parce que j'avais toujours voulu me retirer en ayant une belle fin de carrière. Et m'ouvrir peut-être d'autres portes pour une nouvelle carrière, au lieu d'arriver vers l'âge de 40 ou 45 ans et de me dire : *J'aurais dû le faire quand j'avais 36 ans.*

Les quatre années où j'ai délaissé le hockey m'ont beaucoup aidé à comprendre plusieurs choses côté hockey, surtout en ce qui a trait à la façon dont je me suis retiré. Il y avait beaucoup de frustration. Le pourquoi de cette frustration, j'en savais une partie, mais pas la totalité. Surtout que j'ai délaissé complètement le hockey. Je ne me suis pas accroché, je ne suis pas allé voir de matchs, je n'ai pas suivi ça dans les journaux, et je ne l'ai pas regardé à la télé.

Ça m'a fait vraiment du bien. Psychologiquement, ce fut je pense, le meilleur remède que je me suis donné en fin de compte. Une sorte d'évasion qui m'a permis de faire le vide complètement… de lâcher le hockey, d'essayer de m'ouvrir à d'autres horizons, et d'avoir la paix avec moi-même.

La fin de ma carrière à Montréal fut un genre de maladie, côté frustration. J'aurais voulu évoluer beaucoup plus souvent que j'ai été utilisé, je manquais de temps de glace. Je ne comprenais pas vraiment pourquoi j'étais destiné à avoir une telle fin de carrière, après tout ce que j'avais fait pour l'organisation ou pour l'équipe. Par la suite, j'ai compris qu'il ne fallait pas qu'ils sacrifient une équipe complète pour faire plaisir à une personne.

C'était de l'orgueil... Mais ce n'était pas de l'orgueil mal placé, quand même. On est tous fiers de soi-même et moi, j'avais le public derrière moi qui me poussait à être, peut-être, de plus en plus orgueilleux, de plus en plus fier. Mais je ne pouvais pas répondre à leur demande en participant au pointage.

J'avais demandé à être échangé à ce moment-là. Je n'étais pas heureux du temps de glace qu'on me donnait. Puis, on n'a pas voulu m'échanger.

J'ai horreur des demi-mesures. C'est à pleine vitesse ou pas du tout. J'aimais mieux aller à 100 milles à l'heure... et en ressortir ensuite satisfait.

Je suis arrivé à New York comme une recrue, et les dirigeants des Rangers me demandaient une seule chose: «Écoute, fais tes preuves et on te signera un contrat, sinon tu retourneras chez toi.» C'est la première fois que ça arrivait dans ma carrière de hockeyeur, un défi comme celui-là. C'est important d'avoir des défis à relever, mais c'est important aussi d'aller jusqu'au bout du défi. Non pas de dire: «Ça me fait peur... Est-ce que je devrais le faire ou pas?» J'adore les défis, mais il faut aller jusqu'au bout dans n'importe quoi.

Il faut savoir le fond de la vérité, je crois. Tu ne relèves pas un défi pour impressionner tes amis. Si tu le fais uniquement pour ça, ça peut marcher une fois, mais ça ne marchera pas deux fois. C'est de le faire pour sa satisfaction personnelle qui compte. J'ai envisagé ce retour au jeu de la façon suivante... Je me suis dit: *Ça fait quatre ans que je me pose la question. J'ai encore de bonnes années*. J'étais conscient que ça aurait pu ne pas marcher non plus, mais j'en serais sorti satisfait, parce que j'aurais eu la réponse à ma question. Les gens me disaient depuis quatre ans que ma place était dans la Ligue nationale. Heureusement, cela a été positif.

De toute façon, lorsque j'ai décidé de faire un retour, j'étais sûr de réussir, à la condition que l'équipe me donne la chance de prouver vraiment que j'en étais capable. Je n'ai jamais eu aucun doute sur mes capacités ou mes possibilités de réussir. J'étais très, très positif, très confiant. Le seul point d'interrogation, c'était : «Est-ce qu'un club va me donner la chance de le faire?» Ma plus grande peur fut celle-là. J'étais content quand les Rangers m'ont demandé de me rendre à New York pour discuter.

Participer au camp d'entraînement, pour moi, c'était amusant. Je me retrouvais comme une recrue, mais avec un gros avantage sur les autres recrues, celui de 14 ans d'expérience chez les pros.

Ça n'a jamais été mon idée de prouver à l'organisation des Canadiens, ou à certaines personnes, ou au public, que je n'étais pas un joueur fini. La raison de mon retour au jeu, c'est parce que j'ai toujours été en amour avec le hockey. Je l'ai délaissé parce que je travaillais au lieu de m'amuser. Je n'aimais plus ce que je faisais. Le hockey, a représenté toute ma vie. Dans ma vie, tout s'orientait vers le hockey. Tu ne peux pas arriver du jour au lendemain et le délaisser complètement. Tu y penses constamment.

Dans mon for intérieur, le hockey me manquait, mais pourquoi le dire au public ou à mes amis? C'était personnel. Je me suis dit : *Si j'ai deux ou trois ans de plus à jouer, pourquoi ne pas le faire?* Tu le fais pour toi, pas pour te venger.

En le disant aux autres, j'essayais de me faire croire que c'était fini, que le hockey ne m'intéressait plus. Avec la fin de carrière que j'avais eue, j'étais tellement écœuré que je ne voulais plus rien savoir du hockey. Je ne voulais pas en parler, je ne voulais plus que personne ne m'en parle. Mais tu ne peux pas empêcher les gens de t'en parler, quand tu as vécu là-dedans toute ta vie. Il y a d'autres choses que le hockey dans la vie.

## MOI, JE ME SUIS TOUJOURS AMUSÉ !

Une carrière de joueur de hockey professionnel n'est pas tellement longue comparativement à la deuxième carrière que tu vas connaître. Pour un athlète, la deuxième est parfois beaucoup plus importante que la première.

Tout ce que je fais aujourd'hui ou que je vais faire demain, je vais le faire à 100 milles à l'heure.

Moi, je me suis toujours amusé, et je m'amuse encore (riant).

Le hockey, c'est un jeu. On dit toujours : « Je m'en vais jouer au hockey », et non pas : « Je m'en vais travailler. »

Dans ma jeunesse, je courais pour aller jouer au hockey, parce que ça m'amusait.

## CE QUI COMPTE LE PLUS POUR MOI, C'EST L'ÉDUCATION

Je crois que ce qui est important pour les enfants, en premier lieu, c'est l'éducation. Leur façon d'apprécier les choses aussi. Ne pas tout leur donner, mais leur apprendre à travailler pour l'avoir. Parce que c'est comme ça que j'ai appris. Je n'ai jamais eu rien pour rien. Tout ce que j'ai eu, je l'ai gagné. J'ai travaillé très dur, et je veux que mes enfants fassent la même chose, qu'ils soient satisfaits de ce qu'ils font, et qu'ils le fassent bien.

Ce qui compte le plus pour moi, c'est l'éducation, parce que sans éducation aujourd'hui, tu ne vas pas tellement loin.

# CE QU'ILS ONT DIT

Voici les témoignages de quelques grands noms parmi les gens des médias, les joueurs et les personnalités que j'avais interviewés personnellement lors de la production d'un spectacle-hommage à Guy en octobre 2002 :

**JEAN BÉLIVEAU :** « Je pense que Le Canadien a fait le bon choix à la fin juin 1971. Il a été quelque temps chez nous. Il a habité tout près de chez moi à Longueuil. Alors on a eu l'occasion de parler régulièrement. Il avait été question qu'il mette le numéro 4 qu'il avait à Québec. Je lui avais dit : « Tu peux l'avoir. » Et il m'avait demandé : « Qu'est-ce que tu ferais ? » Je lui ai répondu : « Moi, je prendrais un numéro, quel qu'il soit, et je le rendrais fameux. Et à la fin de ta carrière, tu serais satisfait. »

**WAYNE GRETZKY :** « Guy était l'un des plus grands joueurs de hockey, et évidemment peut-être le joueur de hockey le plus excitant qui ait joué pour les Canadiens de Montréal. D'abord, ce fut un grand plaisir pour moi à l'âge de 19 ans de suivre Guy Lafleur non seulement dans le vestiaire des joueurs, mais aussi sur la glace, dans les pratiques et dans les parties de Coupe Canada 1981. Je vous dirai que j'ai tellement appris de lui… tout ce que ça prend pour être un champion… ce que ça prend pour être un travailleur acharné, et son dévouement envers le hockey, puis tout ce qu'il a représenté pour le hockey en général. Tout jeune, j'ai grandi en le regardant attentivement tous les samedis soir à *La Soirée du hockey*. Et non seulement il était excitant à voir et nous donnait du plaisir, mais c'était un vrai champion, et c'est la chose la plus importante en tant que joueur professionnel dans la Ligue nationale. »

**FRANK MAHOVLICH :** « J'ai rencontré Guy la première fois alors qu'il était une recrue avec les Canadiens de Montréal en 1971-1972. Déjà, il avait l'air d'un professionnel. Ce n'était pas vraiment une recrue… On jouait avec un pro. Je pense qu'il a alors compté facilement 30 buts. Et je me souviens de lui comme camarade de chambre… C'était tellement un garçon gentil que vous pouviez déjà deviner qu'il allait devenir célèbre. Il a une grande personnalité et c'est une personne fantastique. Il a démontré beaucoup de classe tout au long de sa carrière. Spécialement ici, à Montréal, il y a eu de grands joueurs comme Maurice Richard et Jean Béliveau, mais je pense que Guy a vécu à la hauteur de toutes ses attentes. Des gens que je connais à Toronto et dans le reste du Canada se rappellent encore la façon dont ses cheveux flottaient au vent, et la façon dont il patinait. Il a joué au hockey comme la plupart des gens voulaient qu'il joue. Il donnait vraiment tout ce qu'il pouvait, et c'était un grand joueur à regarder. »

**YVON LAMBERT :** « Guy Lafleur, dans mon livre à moi, c'était le meilleur joueur au monde. C'est incroyable l'ardeur qu'il mettait au jeu. Il voulait gagner. Il voulait finir premier compteur. Il voulait faire plaisir à son public. Je suis fier d'avoir joué avec Guy, très fier même, et je peux dire que de 1975 jusqu'à 1980, on a gagné quatre coupes Stanley. Et quand on gagne une coupe Stanley et qu'on est numéro 1 au monde, on est populaire partout où on va. On arrivait dans les aéroports et il y avait du monde qui attendait, qui avait le chandail du Canadien et ça criait Guy ! Guy ! Guy !… C'était incroyable. C'est un feeling dont je vais me rappeler jusqu'à la fin de mes jours. Ce furent les plus belles années de ma vie. »

**SERGE SAVARD :** « Lorsque Guy est arrivé avec le Club de hockey Canadien, ça représentait le renouveau. Le Canadien avait toujours eu de grandes, grandes vedettes : Maurice Richard, Jean Béliveau, mais là arrivait Guy Lafleur, qui a été réellement le successeur de Jean Béliveau. Il a été la grande vedette du Canadien, et de la Ligue nationale, parce que Guy a dominé la LNH pendant au moins sept à neuf ans. »

**PHIL ESPOSITO :** « Je peux me rappeler qu'il montait à l'aile droite, au Forum de Montréal. Je jouais pour les Bruins à l'époque, et ses cheveux flottaient au vent. Une chose est certaine : Guy fut un joueur de hockey fantastique. Les gens me demandaient tout le temps : « Vous êtes directeur général des Rangers. Pourquoi ramener Guy Lafleur au hockey ? » Eh bien, il avait 38 ans et je pensais réellement qu'il pouvait jouer encore. Et il l'a fait. Il a joué de manière fantastique, et personne ne peut me dire qu'un Guy Lafleur ou quiconque de cette stature ne peut pas jouer à 38 ans. Je pense qu'il a été formidable pour nous. Il a accompli un tas de choses que les jeunes et les moins jeunes ont vues. Je me rappelle la première partie des éliminatoires à Pittsburgh, quand son lancer a frappé la barre du filet… S'il marquait ce but, nous battions Pittsburgh cette année-là. Ce fut un joueur de hockey sensationnel. »

**HENRI RICHARD :** « Je crois que c'est le Maurice Richard des années 1970. »

**RÉJEAN HOULE :** « Pour nous, c'était un modèle incroyable. On le regardait sur la patinoire et on n'en revenait pas de ce qu'il pouvait faire. Premièrement, c'est un gars extrêmement généreux. Il était près des joueurs, c'était l'équipe en premier lieu, jamais lui en premier, toujours l'équipe. Un gars discipliné sur la patinoire, toujours le premier à y sauter pour prendre lancer après lancer, et le dernier à en sortir. Pour lui, sa profession, c'était sa vie. Et il a donné tout son corps et son âme à cette profession. »

**PIERRE BOUCHARD :** « Je pense que Guy était un naturel dans sa façon de jouer, dans sa façon d'être, dans l'improvisation, dans le talent, dans la persévérance qu'il mettait dans son jeu. Il arrivait trois heures avant les matchs. Il a déteint sur les autres… Franchise, persévérance… Et l'amitié aussi. »

**MARC MESSIER (acteur et comédien) :** « Guy Lafleur… Pour nous, il a vraiment été le héros qu'on attendait. En fait, au fond de plusieurs d'entre nous sommeille un joueur de hockey. On avait l'impression que Guy Lafleur faisait dans la Ligue nationale ce que plusieurs faisaient sur la petite patinoire d'école ou dans le petit aréna de quartier. Tu sais quand on jouait 18 contre 20, il y en avait toujours un plus vite, plus rapide qui déjouait tout le monde et qui allait mettre la « puck » dans le but. Et quand on regardait Guy Lafleur, on avait l'impression de retrouver ça. Mais lui faisait ça sur les patinoires de la Ligue nationale, où il a dominé. Il fallait le faire. Ce gars-là patinait un peu comme nous marchons dans la rue. Il avait un instinct du hockey extraordinaire. Ce fut quelqu'un qui avait la simplicité et la modestie de l'honnête travailleur… et le panache et l'envergure d'un champion.»

**BERTRAND RAYMOND (journaliste):** «Les spectateurs étaient assis sur le bout de leurs sièges en s'attendant à quelque chose de spécial… Un vétéran de l'équipe me racontait qu'à l'époque des années 1970, des quatre coupes Stanley du Canadien, il y avait énormément de talent dans l'équipe. Lors des soirées de séries éliminatoires où c'était très difficile de gagner, où le Canadien se faisait frapper, où il y avait la pression de gagner absolument la Coupe, on avait du talent mur à mur dans le vestiaire des joueurs, et pourtant on se regardait, en se disant : Une chance qu'on a Flower! Et ce fut ça, la carrière, la décennie de Guy Lafleur quand il a dominé dans la LNH. Guy Lafleur, pour moi, a été le joueur de hockey le plus excitant que j'ai couvert… la couette au vent et les patins aux fesses… Il était quelque chose à voir. C'est sûrement l'un des athlètes les plus généreux que j'aie vus avec le public.»

**CLAUDE BRIÈRE (journaliste et producteur de *La Soirée du hockey*):** «Moi, ce que je voudrais partager aujourd'hui, c'est une journée qui est restée mémorable. C'était en 1976… Tournoi Coupe Canada. C'était une des premières fois que le Canada jouait à Coupe Canada, dans ces rencontres internationales au niveau des professionnels. Et on avait décidé d'utiliser quatre entraîneurs-chefs. On se souvient que les Russes avaient plein de monde en arrière du banc. C'était un samedi matin et je travaillais pour le journal *Dimanche-Matin*. J'ai dit à Guy : «On devrait aller déjeuner, je vais faire un p'tit article aujourd'hui.» On entre au café-restaurant de l'hôtel Sutton Place, et on avait fermé le resto parce que Guy Lafleur y mangeait. Ils ne voulaient pas qu'il se fasse déranger, mais il y avait plein de monde dans le hall d'entrée qui l'attendait. Je fais mon article avec Guy puis, comme à l'habitude, il est franc, il dit ce qu'il pense.

« Il me dit : "Ça fait drôle, hein, d'avoir quatre coachs en arrière du banc, quatre génies. Et ils ne réalisent pas que jouer à quatre lignes, ça ne marchera jamais dans une compétition de même. On joue contre les meilleurs au monde. Nous sommes les meilleurs… et après 40 secondes, il faut revenir au banc. Les meilleurs joueurs, les superstars, ont besoin de plus de 40 secondes… À 40 secondes, les autres de l'autre côté commencent à être épuisés. C'est là qu'on commence à être bons nous autres. C'est là qu'on marque tous nos buts. C'est là qu'on peut s'exprimer et faire des boucles autour d'eux. Ils ne peuvent même pas retourner au banc tellement nous, on est plus forts qu'eux à ce moment-là. Jouer 40 secondes, c'est pas très fort ! "

« Je trouvais que j'avais un bon fond d'article. Guy rajoute : "Marche avec moi pour aller à l'aréna. Je vais te donner 10 $ et tu reviendras en taxi." C'était son style. D'abord parce qu'il était généreux. Puis, en plus, il ne voulait pas faire ça pour flasher, il voulait juste ne pas marcher tout seul. Moi, ce que je ne savais pas, c'est que je vivrais toute une expérience entre l'hôtel et le Maple Leaf Gardens. C'est qu'en marchant, peu importe les rues qu'on empruntait, peu importe ce qu'on faisait, les gens s'étaient synchronisés sur le parcours de Guy Lafleur, le matin d'un match. Et quand on marchait, les portières des voitures s'ouvraient pour voir Guy Lafleur. Les enfants et les parents sortaient pour prendre des photos, avoir des autographes. Puis Guy, comme tout le monde le connaît, il les a signés jusqu'à ce qu'on arrive à l'aréna. « On y arrive, et je reviens ensuite en taxi. J'écris mon article, sauf que plus je l'écrivais, plus je trouvais ça dur et difficile à l'égard des entraîneurs et de l'organisation… Sans compter tout ce que Guy m'avait dit. Alors je décide de ne pas mentionner son nom. Je vais préciser "un joueur sous le couvert de l'anonymat". Il revient de la pratique et me dit : "Et puis, ton article ?" Je lui dis que je l'ai écrit et que je vais le lui montrer dans sa chambre. Il lit mon article, fronce les sourcils à certains endroits, et il me dit : « C'est bien beau tout ça, mais mon nom, ce n'est pas anonymat… C'est Guy Lafleur qui a dit ça… et tu vas écrire Guy Lafleur."

«Lui se cacher derrière un journaliste? Jamais il n'a fait ça. Jamais.»

**CLAUDE MAILHOT (animateur):** «C'est facile de parler de Guy Lafleur. Guy Lafleur pour moi, ça représente le talent, ça représente le non-conformisme, et ça représente le conditionnement physique au naturel. Guy Lafleur, c'était la vedette dont on avait besoin, parce qu'à un certain moment on avait eu Richard, on avait eu Béliveau… On avait besoin d'une vedette, de s'accrocher à quelqu'un, surtout une vedette offensive, une vedette spectaculaire. Et c'était Guy Lafleur.

«C'est évident que Guy Lafleur c'était un rebelle. Alors là, ça plaît à une autre partie de la population. Mais c'était également un gars tellement disponible pour les médias que ça devenait du bonbon. Il y en a plusieurs qui disaient: "Oui, mais Guy Lafleur, s'il avait été un peu plus calme, s'il avait été un peu plus sérieux, peut-être que sa carrière aurait été beaucoup plus longue." Oui, mais on n'aurait pas aimé Guy Lafleur de la même façon, parce que Guy Lafleur… c'est Guy Lafleur. Quand Guy Lafleur touchait à la rondelle, on regardait. Maintenant, quand quelqu'un touche à la rondelle, on parle avec notre voisin dans les gradins.»

**LE REGRETTÉ ANDRÉ « TOTO » GINGRAS (photographe):** «J'ai débuté ma carrière de photographe en même temps que lui. Dans mon livre à moi, Guy Lafleur c'est le plus grand joueur de hockey que je n'ai jamais vu jouer. C'était un naturel… C'était un passionné… Je pense que Guy Lafleur est un exemple pour les jeunes. Il n'a jamais refusé de signer un autographe. Les journalistes ont abusé de Guy Lafleur. Quand il disait quelque chose, et que ça sortait en première page le lendemain matin, il ne disait pas: "On m'a mal cité." Voler la coupe Stanley, ça prenait juste Guy Lafleur pour faire ça… C'est un gars fait d'un seul morceau.»

**PIERRE-YVON PELLETIER (photographe):** «Guy Lafleur a toujours été mon idole. En tant que photographe, je pense que j'ai eu le privilège de le voir briller soir après soir. C'était un joueur électrisant. On pouvait le voir changer une défaite en une victoire. Je pense qu'on ne pourra jamais oublier ce qu'il a donné aux Canadiens de Montréal. Il n'y a pas de prix pour ça. Bravo, Guy Lafleur, pour tout ce que tu as donné… Tu as été l'idole d'un peuple. Merci, Guy!»

**PIERRE LADOUCEUR (journaliste):** «Pour moi, Guy Lafleur, c'est un privilège que j'ai eu de le voir jouer junior. Il a mis la Ligue de hockey junior majeur du Québec sur la carte. Je l'ai vu ensuite avec les Canadiens de Montréal être le meilleur joueur de hockey au monde. Ce fut également un privilège de le connaître comme homme… Un homme excessivement généreux, de son temps et de sa personne. On a fait une vidéo avec Guy, et il y avait un exercice où il fallait dribbler entre les cônes. Guy partit à pleine vitesse sur la glace… Il n'a jamais touché aux cônes. Après une première prise de vue, on s'est dit: "C'est impossible qu'il puisse le faire deux fois, à cette vitesse-là, sans rien toucher." Finalement, il n'a rien touché, et il a même fallu ralentir la caméra sur la vidéo parce qu'il allait trop vite.»

**JEAN-PAUL CHARTRAND senior (journaliste):** «Parler de Guy Lafleur, c'est à peu près comme parler de Maurice Duplessis ou du Frère André. Réellement, s'il avait voulu, ce gars-là, il aurait pu faire n'importe quoi. Il aurait été un bon politicien, un bon joueur de tennis, un bon joueur de golf…

«On oublie peut-être que Guy Lafleur, non seulement sur la patinoire, ça a été une très grande vedette. Il avait les mains, selon moi, de Jean Béliveau, le coup de patin d'Henri Richard et les yeux de Maurice Richard. En plus de ça, il était un peu, comme Jean Béliveau, un homme du peuple. C'est un gars qui s'est toujours dévoué énormément, et encore aujourd'hui, il continue à le faire. Je me souviendrai toujours qu'on avait une émission ensemble à CKVL, tandis qu'on était à Boston. Les Canadiens venaient de jouer un match contre les Bruins. Et Mike Milbury lui avait fendu la lèvre, il ne pouvait même pas parler. À bord de l'avion qui nous ramenai, Guy me dit: "Sors le magnétophone, on va faire l'enregistrement et ça va passer demain matin à 5 h en ondes!" Pour moi, Guy Lafleur a été le joueur d'une décennie.»

**DANIEL PILON (acteur):** «Dans les années 1970, Guy Lafleur, c'était "le" joueur. Il y a des grands, des très grands et de très, très grands… Et Guy en était un. C'en est encore un. Il venait chez moi à Los Angeles à Noël, et j'avais remarqué que Guy, même s'il y avait plein de gens dans le salon, il ne parlait jamais de lui-même, jamais de ses exploits. Il ne se vantait jamais. Il était d'une simplicité, d'une humilité exemplaire. Mais en homme intelligent, il laissait toujours les autres parler de ses exploits, sans jamais renchérir… Et ça, j'ai trouvé ça très grand de sa part.»

**RÉJEAN TREMBLAY (journaliste):** «C'était quoi Guy Lafleur qui arrivait de bonne heure?… C'était quoi Guy Lafleur qui mangeait du hockey?

«Mon premier reportage avec Guy Lafleur va expliquer qui c'était Guy Lafleur. Le Canadien, je pense, jouait à Atlanta, en février 1975. Je savais que je serais le journaliste affecté à la couverture du Canadien. J'étais arrivé le matin au Forum avec une paire de patins, et Lafleur était blessé. Alors j'allais faire une entrevue avec lui. J'étais entré directement dans le vestiaire avec un photographe. C'était prévu que Lafleur patinerait vers 11 h. Il m'avait dit: "Au lieu de faire une entrevue, viens jouer." J'ai patiné environ une heure avec lui… Il m'avait expliqué: "Je regarde le but, ça me fait une image mentale, et après je regarde la rondelle, et quand elle part, je sais où elle va." Il aiguisait très peu ses patins, et c'est en patinant avec lui que j'ai compris qu'il n'avait pas besoin de les affûter. C'était tellement puissant que j'avais l'impression que la lame rentrait quasiment un demi-pouce dans la glace. À un moment donné, je me suis dit: on va faire une course, pour voir. Je me souviens que je n'étais pas encore rendu à l'autre ligne bleue que Lafleur était déjà rendu à l'autre bout, et il était en train de revenir. Ça n'avait pas de bon sens.

«Je l'ai connu stressé par son besoin de gagner. Lafleur s'entraînait dur, plus dur que tous les autres. Il jouait plus dur que tous les autres. Puis quand c'était le temps de relaxer, il relaxait plus dur que tous les autres que j'ai connus. Parce qu'il vivait continuellement, constamment sous pression. C'était le meilleur du Canadien. Ce qu'il faisait n'était jamais assez. Les fans en demandaient toujours plus. Puis, parce que pour Lafleur, les partisans, le monde ordinaire, c'était ce qu'il y avait de plus important au monde, il se sentait tout le temps obligé d'en donner plus.

« J'ai été le journaliste qui a sorti l'histoire du retour de Guy Lafleur. Tom Lapointe m'avait dit qu'il pensait qu'il se passait quelque chose, et que je devrais vérifier ça. J'avais appelé au bureau d'Yves Tremblay. Je ne savais pas que Lafleur serait là. Et là, Yves m'a dit : "Écoute, Réjean, passe au bureau." J'étais en plein meeting et je suis parti. Je me suis assis avec Guy et Yves. Et Flower a toujours été honnête, tellement honnête qu'il m'a dit : "Écoute, je te laisse le scoop, mais je ne te le confirmerai pas avant demain matin." L'histoire était sortie dans le *Los Angeles Times*… et dans *La Presse*. Ce que je n'avais pas prévu, c'est que le *Los Angeles Times*, à cause du décalage horaire, avait mis la nouvelle sur le fil, et que tout était sorti vers minuit. Guy savait que j'avais fait une carrière honnête avec lui… Et ce qu'il avait fait avec moi, c'est ça que ça voulait dire : "J'ai apprécié que tu aies fait une carrière honnête avec moi." »

« Ce que j'ai le plus aimé, ce n'est pas d'avoir la primeur, c'est que deux ou trois jours après, Los Angeles avait dit que ça ne pourrait pas marcher, et les manchettes étaient négatives, vraiment trop négatives par rapport à ce qui s'était passé. Après avoir rencontré Phil Esposito et Bergeron à New York, Guy était revenu vers 9 h, et j'ai reçu un coup de téléphone m'incitant à aller le rejoindre dans un resto du centre-ville vers 10 h. Là, là… il était tellement gonflé à bloc… il savait que ça marcherait. Évidemment, Yves Tremblay n'avait pas eu le temps de négocier le contrat, mais tu voyais qu'il s'était passé quelque chose de magique avec Phil Esposito et Michel Bergeron… Puis ce fut le début.

«Ses deux buts contre le Canadien au Forum... c'était... c'était absolument fabuleux. Dans le cas de Lafleur, quand tu as 38 ou 39 ans et que tu as bâti ton style et ta carrière sur la virtuosité, tu ne peux pas t'attendre à ce qu'un virtuose ait la même perfection, la même vitesse, jusqu'à la fin de sa carrière. C'est impossible. Mais Lafleur, à son retour, a apporté la joie de jouer au hockey. Même à ses derniers matchs avec les Nordiques, ça se sentait. Il n'était pas aussi rapide, un peu moins. Il avait perdu la fraction de seconde. Mais pour moi, Lafleur, jusqu'à sa dernière présence sur la glace, ce n'était plus un virtuose, mais il m'a apporté quelque chose au cœur jusqu'à la dernière, dernière, dernière seconde.

«Personnellement, j'ai connu deux athlètes qui te regardaient dans les yeux, qui disaient ce qu'ils pensaient et, quand ça brassait parce que tu avais fait ton métier de rapporter ce qu'ils avaient dit, jamais ils n'ont reculé : Jacques Villeneuve et Lafleur. Ce sont les deux moins politiquement corrects que j'ai connus. Lafleur vivait dans une équipe de 18 ou 19 joueurs, avec une direction très forte... Sam Pollock, directeur général, et Scotty Bowman comme entraîneur. Et Lafleur ne se gênait pas pour dire exactement ce qu'il pensait dans les circonstances. Dans le cas de Lafleur, on lui disait : "Ça ne te dérange pas si je l'écris ?" et il répondait : "Non, non, et tu peux dire que c'est moi qui l'ai dit." «Le lendemain, il rentrait dans le vestiaire et si quelqu'un n'était pas content, on lui disait : "C'est facile, allez lui dire." Et, d'habitude, il avait cette grâce divine... Le soir, il comptait deux buts. Ça, ça aidait. Ça, c'est le Lafleur que j'ai tellement apprécié... parce qu'il assumait ses imperfections.

«Lafleur, ce n'était pas le joueur de hockey parfait... Ce n'était pas l'individu parfait... Ce n'était pas le père parfait... Ce n'était pas le mari parfait... Ce n'était pas l'ami parfait... Lafleur, c'est un paquet d'imperfections. Mais le seul homme parfait de l'histoire, il a fini crucifié entre deux voleurs !

«Il y a des gens qui empruntent une autoroute et qui se promènent à 80 kilomètres/heure toute leur vie. Lafleur a pris toutes sortes de petites routes, mais il roulait à 120. Donc, il y avait du thrill, une vraie sensation forte… C'était beau de le voir aller. Il est arrivé avant les autres où il voulait aller, et il a gagné la course.

« Guy Lafleur, c'est la franchise. »

**GUY MONGRAIN (animateur) :** « Je me souviendrai toujours de sa première entrevue à la télévision. Il avait dit calmement, avec son calme légendaire d'ailleurs : "J'ai l'intention de devenir le meilleur et je vais tout faire pour y arriver." Guy Lafleur, pour moi, c'est la fougue, la détermination, le feu dans les yeux… Et on ne voit pas ça souvent. Je me suis toujours posé la question suivante : Pourquoi, au Forum, y avait-il des banquettes ? Parce que chaque fois qu'il sautait sur la glace, nous, on passait notre temps debout. L'image qu'on doit conserver de Guy Lafleur, c'est un sentiment de justice. Pour lui l'injustice ne devrait pas exister, autant sur la glace qu'en dehors de la glace. »

**YVON PEDNEAULT (journaliste) :** « Je pense qu'on peut caractériser Guy Lafleur en disant qu'il a été un athlète de cœur. Et quand je pense à un athlète de cœur, je pense à un athlète qui, pendant toute sa carrière, a été animé par une détermination exceptionnelle. Et la détermination se traduit par la passion. Quand on regarde tous les athlètes qui ont évolué avec une passion sans bornes, sans limites, on dit que ces athlètes-là ont écrit une page de l'histoire du sport. Dans le cas de Guy Lafleur, on peut assurément affirmer qu'il a écrit une page de l'histoire du hockey. Et sa plus grande qualité que je retiens, ce fut son honnêteté et sa loyauté envers les amateurs de hockey. Tous les ans, les objectifs qu'il se fixait étaient toujours plus élevés que la saison précédente. Guy Lafleur a été un modèle absolument remarquable. »

**JEAN PAGÉ (animateur) :** « J'ai surtout connu Guy Lafleur après sa carrière… J'ai connu l'homme. Et c'est un vrai, un vrai de vrai, dans la vraie vie ! »

**MARIO LIRETTE (animateur) :** « En fait, Guy Lafleur c'est celui qui, effectivement, a permis à Jean Béliveau de prendre sa retraite avec l'esprit tranquille… parce qu'à ce moment-là, on avait tous les yeux rivés vers cette idole qu'était le Démon blond. Il n'était ni plus ni moins qu'un demi-dieu sur patins. On disait de Guy Lafleur que son bâton était le prolongement de ses mains. Il nous a fait vivre des moments inoubliables qui ne seront probablement jamais répétés. Guy Lafleur a été un des premiers qui nous a si bien représentés, tout en étant reconnu mondialement comme un athlète exceptionnel. »

**MICHEL BEAUDRY (animateur):** « Guy Lafleur, de prime abord, c'est sûr que c'est un monument. Je dirais même que c'est un monstre parmi ce qu'on a de plus spectaculaire au Québec. C'est un gars qui a marqué l'histoire, mais qui a marqué l'histoire plus profondément que seulement dans le hockey.

« Pour un gars comme moi qui ai travaillé 20 ans à diffuser du hockey, mais qui aussi, fondamentalement, reste un p'tit gars qui joue au hockey dans les ligues de garage, ce que j'aurais aimé par-dessus tout, un vrai fantasme pour moi… ça aurait été de faire des passes à Guy Lafleur, de jouer avec Guy Lafleur et de gagner avec Guy Lafleur. On m'a souvent raconté que de partir avec lui pour Boston, pour Philadelphie, dans les moments les plus cruciaux, tout le monde voyait sa confiance monter d'un cran. Et ça, j'aurais aimé ça le vivre.

« Aujourd'hui, je connais bien Guy Lafleur et je l'apprécie beaucoup. Ce que je trouve plaisant, c'est que j'ai l'impression aussi qu'il m'apprécie beaucoup quand je fais des spectacles. C'est un gars qui aime beaucoup rire, qui a un bon sens de l'humour. Ce que je trouve formidable, et je me considère extrêmement chanceux de pouvoir le vivre, c'est que Guy, mon idole, est devenu mon ami. Et ça va rester mon idole à cause de sa franchise, à cause de sa façon de parler, sa vision de la vie, de son cran, de son audace. Un gars qui se promène en hélicoptère, un gars qui a tout essayé dans la vie, et qui a démontré un caractère incroyable sur plusieurs plans. Pour moi, Guy Lafleur est un homme extrêmement solide.

« L'autre aspect dont je veux parler : Guy Lafleur, c'est un nom magique. Quand on dit Guy Lafleur, on voit tous un morceau de spectacle… un morceau de hockey… un morceau de grande vedette. »

**RON FOURNIER (arbitre de la LNH et animateur) :** « Guy Lafleur, c'est le gentilhomme, sur la glace et à l'extérieur. Guy avait la fierté. Et comment l'exprimait-il ? Il se présentait chaque fois sur la glace avec l'intention ferme de travailler au maximum. C'était ce qui permettait à son équipe d'accéder à de grandes victoires et à des coupes Stanley. Parce que ses prouesses sur la glace forçaient ses coéquipiers à donner le maximum. C'était un leader. Le plan de match était de frapper Guy Lafleur, de s'en prendre à lui. Et en tant qu'arbitre, j'en étais conscient. Moi je pense que Guy Lafleur, pour notre jeunesse, même si ce n'est pas tout le monde qui l'a vu jouer, représente ce que le Rocket représentait. »

**RODGER BRULOTTE (journaliste) :** « Lorsqu'on pense à Guy Lafleur, ça représente une fierté québécoise, ça représente une tradition. Il ne faut jamais oublier ceci de Guy Lafleur : il est sincère. Lorsqu'il te dit : "T'es mon ami", c'est vrai. Lafleur quand il descendait avec la rondelle sur la patinoire, c'était terriblement excitant. Il te faisait te soulever de ton siège. »

**GEORGES CHERRY (promoteur de boxe) :** « Guy Lafleur, tout ce qu'on lui montrait, il s'en rappelait toujours. Il m'impressionnait beaucoup parce que, après seulement quelques passages à mon gymnase, il "jabbait" dans le sac et tu voyais qu'il doublait son jab de la main droite, puis le crochet enchaînait. Il était fatigué comme tout le monde après trois minutes de boxe. Mais en dedans d'une minute de repos, il récupérait, puis il commençait le 2$^e$, le 3$^e$, le 4$^e$, puis le 5$^e$ round comme si c'était le 1$^{er}$. »

**LE REGRETTÉ GENE CLOUTIER (joueur amateur) :** « Quand Yves Tremblay m'a appelé pour mettre Guy Lafleur sur la glace tous les jours, mon travail était d'aller chercher les meilleurs joueurs pour faire pratiquer Guy. Yves m'avait bien dit : "Gene, il faut que ça joue avec contact." Imagine, pour moi, c'était tout un challenge. Tu parles du meilleur dans le monde entier. Lui, Yves, était sûr que Guy pouvait revenir au jeu. Il n'y a pas beaucoup de monde qui pensait ça. Quand je suis entré au vestiaire la première fois qu'il est venu pratiquer avec nous, j'ai eu l'impression d'être en retard. Il était là une heure et demie avant tout le monde. Quand il entrait, il étendait des serviettes à terre et se couchait là, parce qu'il venait de s'entraîner avec George Cherry à la boxe, et il était fatigué. Il voulait juste se reposer un peu pour bien paraître sur la glace.»

**RICHARD GOUDREAU (producteur):** «Guy Lafleur pour moi, c'est plus qu'un joueur de hockey. C'est un acteur. Quand Guy Lafleur venait jouer un match de hockey, il venait donner un spectacle. Il venait pour le public. Toutes ces histoires-là d'arriver au Forum deux heures avant le match, c'est comme un acteur qui arrive sur un plateau de cinéma, un chanteur avant son concert qui se concentre et qui s'en vient donner tout ce qu'il peut donner au public. La preuve de ça: à l'époque où Guy Lafleur jouait, il n'y avait jamais d'articles pour mentionner: "Aux prix où sont les billets, il pourrait se grouiller." Pourquoi? Parce qu'on savait qu'en allant voir jouer Guy Lafleur, on allait voir un spectacle. Tu sortais de là, puis t'en parlais pendant deux jours jusqu'au prochain match. Et ça, c'est juste la passion qui peut faire ça. Et Guy Lafleur, c'était un passionné.»

**MÉNICK (le barbier des sportifs):** «Je me souviens quand il est arrivé avec le Canadien de Montréal, on voyait déjà Guy Lafleur devenir un grand joueur de hockey, celui qui allait nous aider à continuer de gagner des coupes Stanley. C'est un gars toujours prêt à aider tout le monde, un gars charitable, un gars franc et honnête. Tu sais tout de suite ce qu'il pense.»

**ROBERT MARIEN (acteur et chanteur):** «C'est le joueur du Canadien qui m'a le plus électrisé. Une décharge d'adrénaline chaque fois que je le voyais. C'est le dernier joueur du Canadien qui m'a fait bondir de mon siège.»

**MARIE-CHANTAL TOUPIN (chanteuse) :** « Pour moi, qui étais une petite fille, mais surtout pour ma mère et mon père, il était un héros, un grand héros. »

**CHANTAL MACHABÉE (animatrice) :** « Pour moi, Guy Lafleur a représenté énormément, car c'est grâce à lui que je suis journaliste sportive. J'étais toute petite et je regardais Guy dans ses belles années compter 50 buts. Il m'a transmis la passion du hockey qui est le plus beau sport au monde. J'ai tellement découvert d'émotions extraordinaires en regardant Guy jouer au hockey, que je me suis dit que je pouvais sûrement aller chercher la même chose dans les autres sports. Alors je me suis mise à regarder le hockey, le baseball, le football, le basket, la boxe, et j'ai découvert que j'étais une passionnée de sports grâce à Guy Lafleur. »

**YVES TREMBLAY :** « J'ai eu le privilège de fréquenter Guy pendant toutes ces années-là. Mise à part son excellence comme athlète, du côté personnalité, Guy est un bonhomme avec un charisme incroyable. On ne peut pas définir le mot charisme. C'est comme un Frank Sinatra, un Tiger Woods, une Barbra Streisand… Il y a des gens comme ça qui l'ont, ou qui ne l'ont pas. Sous l'aspect humain, il y a sa grande générosité, mais une générosité à sens unique, sans jamais rien demander en retour. C'est ça, Guy Lafleur. »

« Je pense que Guy Lafleur, en tout cas pour moi, a été le grand frère qu'on aurait toujours voulu avoir ! »

# À PROPOS DE L'AUTEUR

Après des études classiques au Collège des Eudistes en 1971, puis au Cégep de Rosemont, Yves Tremblay est finalement accepté non seulement aux hautes études commerciales (HEC), mais aussi à l'Université McGill. Conscient qu'il doit perfectionner son anglais s'il veut faire son chemin dans les affaires, il opte pour McGill et, en 1976, obtient un baccalauréat en administration, spécialisé en finance et marketing.

Né d'une famille modeste et honnête, il réussit à payer ses études grâce à trois emplois: dans les bars l'été, vendeur les soirs et les fins de semaine dans des commerces de détail, puis comme journaliste sportif pour des hebdos québécois, incluant *Sports Illustrés* et le *Dimanche-Matin*.

Il se fait donc de très bons contacts dans les sports, particulièrement dans le hockey junior et professionnel. Et, à l'âge de 19 ans, il rencontre Guy Lafleur pour la toute première fois, une rencontre qui allait à jamais influencer son parcours professionnel.

À sa sortie de McGill, en 1977, il est aussitôt embauché par Jean Béliveau en relations publiques pour le Canadien de Montréal, à l'époque où le Tricolore collectionnait les coupes Stanley.

Son emploi lui permet alors de fréquenter des personnalités de tous les milieux: affaires, industrie du spectacle, sports et médias. Mais, il se retrouve souvent «entre» l'organisation et les joueurs du temps, cette équipe de rêve de la LNH adulée de tous, une vraie dynastie. Il est proche de plusieurs, mais il se lie surtout d'amitié avec Guy Lafleur et Guy Lapointe.

Yves quitte le Canadien à l'été 1979, remercié par surprise par le directeur-gérant, Irving Grundman, qui venait d'engager son propre fils.

Âgé de 25 ans, cet échec inattendu et déguisé se transforme en opportunité...

Croyant au succès dans l'adversité, Yves démarre immédiatement ses propres entreprises de marketing et de production, se donnant ainsi la chance de travailler avec de grands noms dont Eddy Marnay, Mireille Mathieu, Mario Lemieux et son ami Guy Lafleur.

Au fil de toutes ces années, il cultive toujours ses nombreuses relations, autant au Canada qu'aux États-Unis et en Europe.

Puis, la chimie continue de grandir entre lui et Lafleur.

En 1984, à 33 ans seulement, Guy est confronté à une retraite forcée de quatre ans par les dirigeants du Canadien, pour être ensuite remercié définitivement et cavalièrement pour ses loyaux services.

En 1988, devant l'injuste sort de son ami avec les Glorieux, et croyant toujours à son incroyable talent, il imagine un retour au jeu pour Guy.

Le *timing* de la vie des deux amis, ces deux passionnés, se révèle parfait.

Et le héros d'un peuple saisit cette occasion, relève le défi aux États-Unis avec les Rangers de New York, et en fait un succès mondial qui lui permettra de se retirer quelques années plus tard, enfin par la grande porte, serein et avec sagesse.

Plus tard, soit en 2003, le départ de quelques proches vers un monde meilleur, surtout celui de sa mère, fait réaliser à Yves les véritables valeurs de la vie. Il met alors sur pied une entreprise de suppléments naturels spécialisés, MeliaLife International, sa mission ultime étant devenue maintenant la santé des gens.

Vingt-cinq ans après ce retour tant médiatisé de la superstar, Yves se rappelle cette expérience de vie et, avec le recul, il constate pour la première fois que parmi tous ceux qu'il a côtoyés, la vie professionnelle de Guy Lafleur, devenu lui-même une pure légende, est une application «vivante» et «positive», et le modèle par excellence des principes des plus grands théoriciens de l'épanouissement personnel et du succès, tels que Napoleon Hill, Anthony Robbins, Jack Canfield, Dale Carnegie, Joseph Murphy et compagnie.

En espérant influencer la vie de plusieurs, jeunes et moins jeunes, il a donc décidé de renouer avec l'écriture en rédigeant et en partageant avec vous un ouvrage unique, à la fois émouvant et motivant, sur les grands moments et les embûches de la carrière de l'un des plus grands athlètes au monde, et ce… avec la complicité du Démon blond.